日本庭園像の形成

片平　幸 著
Katahira Miyuki

思文閣出版

目次

日本庭園像の形成

序章　「日本庭園」に注がれる西洋からの眼差しと日本側の応答

1　「日本庭園」の概念規定

本書では、明治以後、「日本庭園」をどう理解するかという主題が、西洋と日本とをいかに往還したのか、その構造と展開を明らかにすることを試みる。西洋と日本を行き来する言説が、やがてある特定の枠組みに収斂されていくプロセスに検討を加え、そこに働く力学やロジックを社会的な背景と照合していく。西洋と日本の言説の往還が、「日本庭園」の理解の史的変遷にどのような影響を与えたのかを検証していきたい。

まずは、本書で用いる「日本庭園」という言葉の概念を規定しておきたい。「日本庭園」という言葉は、それが伝統的な技法を施した庭や歴史的価値を有する庭を意味するのか、あるいは、一般的な民家の庭をも含んだ日本の庭全般を指すのか判然としない曖昧さを含んでいる。これまでの庭園研究においても、伝統的かつ歴史的な要素をもつ庭園を「日本式庭園」や「和風庭園」などと表し、「日本庭園」とは分けて使われるケースがあるなど、概念として十分に規定されないまま用いられてきたことが指摘されている(1)。『ブリタニカ国際大百科事典』で「日本庭園」は、「自然の景観を人工的に構成した日本の造形空間。基本的には観賞や散策などのため住居の周囲に樹木や石を配置し、築山や泉池などを築く。古くは『日本書紀』『万葉集』などに庭園の記述があるが、現存する遺構では平城京南東隅庭園跡が最古である。（以下略）」と説明されており、さらに、平安時代から江戸時代までに作られた庭園の紹介と様式の変遷が詳述されている。(2)「日本の造形空間」と説明されていることからは、日本にある庭全般を指すという解釈も成立するが、実在する、またはかつて実在した庭園を事例として挙げていることからは、「日本庭園」とは、主に、伝統的な要素をもち、なおかつ、歴史的な価値を有する庭園を意味し、それぞれの時代に応じて生まれた異なる様式の「総称」として規定されていることがうかがえる。しかし、「日本の造形空間」という規定があることによって、伝統的な技法が施された庭でも海外に作られた場合は、「日本庭園」に該当しないという解釈も成立しうるなど、その定義の解釈には議論の余地が残る。

「日本庭園」という言葉を厳密に定義しようとする際に生じる上記のような問題点を踏まえて、本書では、「日本庭園」を、国内外を問わず、主に伝統的な技法が用いられた庭園と定義すると同時に、日本にある庭全般をも含む概念として緩やかに定義しておきたい。また、「日本庭園」に呼応する英語表記は、「Japanese garden（s）」や「garden（s）in/of Japan」、さらに「Japanese style garden」なども含むこととする。本書が考察の対象とする日本と西洋を往き来した言説において、「日本庭園」や「Japanese garden（s）」という語が指し示す意味は変容を遂げる。本書が目指すのは、本来、厳密に定義することが難しい「日本庭園」という言葉が、歴史的な文脈に応じて変容しつつも、次第に、ある特定のイメージを想起させるようになっていくプロセスを明らかにすることである。

2　研究の対象

本書では、一九世紀末以降に欧米人によって著された日本庭園論と、それに対する日本国内の反応の諸相を考察していく。

欧米人による日本庭園に関する記述は、一六世紀半ばの宣教師による見聞録にまで遡ることができる[3]。しかしこの時代の欧米人達による著作物は、日本文化全般を紹介するうちの一つの項目として「庭園」を扱っているに過ぎず、これらの著作物は欧米人の「日本庭園」への関心を反映したとも、その関心を高めたとも言い難い。より広い読者層に日本庭園を紹介したのは一九世紀末のイギリス人建築家のジョサイア・コンドル（Josiah Conder 一八五二－一九二〇）による *Landscape Gardening in Japan*（一八九三）であり、本著は、欧米で徐々に高まりつつあった日本庭園への関心を反映するものであったと同時に、さらなる関心を呼び起こすきっかけとなった[4]。コンドル以降、二〇世紀に入ると西洋人による著作や文献は増加しつづけ現在にいたる。

西洋人の日本庭園論を分析した研究に、佐藤昌（一九〇三－二〇〇三）と鈴木誠（一九五四－）がいる[5]。一九三〇年代以降の日本の都市計画において、中心的な役割を果たした佐藤昌は、「外国人の見たる日本庭園」（一九三三）で、一七世紀から一九二〇年代の欧米人約三〇名による日本庭園に関する記述の検証をしている。佐藤は、一九世紀末に著されたコンドルの日本庭園論が、その後の欧米人達に大きな影響を及ぼしたという結論を導いた。

　コンドルの大著が、（中略）以後三十数年を経た今日尚真行草の三形が厳守されて一歩も之より出る事が出来ない様に信じさせ、依然として氏の説が行われて居るのは何となく我々にとって物足らぬ感は免れ得ない所であらう[6]。

佐藤はコンドルの影響力を単に認めただけではなく、それに対する物足りなさも表明しているが、こうした見解は、佐藤と同時代の造園学者たちにも共有されていた。佐藤が「外国人の見たる日本庭園」を著した一九三〇年代とは、後述するように、日本人の研究者たちによるコンドルに対する評価が形成された時期であった。

佐藤と同様に、外国人の日本庭園論を分析した造園学者の鈴木誠も、コンドルの影響力について言及している。鈴木は『欧米人の日本庭園観』（一九九七）で、佐藤より複合的なアプローチを用いて近世から現代の欧米人の日本庭園観を検証し、コンドルの著作が欧米人の日本庭園観に大きな影響を及ぼしたと論じている。さらに、コンドルと同時代に日本庭園について論じたエドワード・モース（Edward S. Morse 一八三八－一九二五）やラフカディオ・ハーン（Lafcadio Hearn 一八五〇－一九〇四）らによって、一九世紀の終わりに、「欧米人へ伝達された日本庭園に関する基本情報がそろった」[7]という見解を示している。

佐藤と鈴木が論じたように、コンドルの *Landscape Gardening in Japan*（一八九三）は、それまで欧米諸国でほとんど知られることのなかった日本庭園に関する情報を提供し、その後の欧米人による日本庭園論において、古典的な史料としての位置づけを確立した。しかしながら、本書で論じるように、西洋人の日本庭園論は、一九三〇年代以降に、それ以前のものから、興味深い変化を遂げる。一九三〇年代に増加した西洋人による日本庭園論には、コンドルの日本庭園論への単なる「修正」の域を超える変化をみることができるのである。一九三〇年代以降の西洋人による日本庭園論に、コンドルやモース、そしてハーンの文献から見出すことができない視座があらわれる以上、それは上記の三者の視線の延長線上に位置するというよりは、むしろそこにはある種の転換が生じたと考えるべきであろう。

そうした「西洋の眼差し」の変化には、一九二〇年代以降、外部からの視線の存在に日本人たちが気づき始めたことが関係していると考えられる。

一九二〇年代に入ると、西洋人の日本庭園論に対して、日本国内からさまざまな反応が示されるようになっていった。さらに一九三〇年代になると、西洋で開催された万国博覧会で日本庭園が展示され好評を博したことや、日本を訪れる外国人観光客が増加したことなどを通じて、日本庭園が国際的に注目を浴びるようになったという事実が、日本国内でひろく認識されるようになっていった。こうした状況のなか、日本庭園の「国際性」への自覚が芽生えはじめ、日本人自身が、西洋に向けた日本庭園論を発信するようになっていく。ここで提示された「日本庭園像」は、「西洋の眼差し」に一定の影響を及ぼし、西洋における日本庭園観の転換の契機となったのだった。しかし、これまでの庭園研究においては、交流史的な観点から西洋と日本を往還した言説について十分な検証がなされたとは言い難い。こうした視点の不在を補うことも、本書の目的の一つである。

日本の近代を検証するうえで、「西洋の視線」が重要な役割を果たしたことについて、すでに美術史や文化史の分野においては成果が報告されている。近代を迎えた日本で、西洋からの眼差しに対する「自覚」が芽生え、そしてそれに基づいた「日本人自身による日本像の提示」がさまざまな領域で試みられてきたことが、近年、多くの研究で指摘されている。(8) このようなアプローチは、「日本庭園」を理解する枠組みが、近代においてどのように変容したのかという問題にも応用することができる。「日本庭園」の「日本らしさ」に関する言説は一九二〇年代後半から出現し始めるが、それ以降、社会や時代の要請に応えながら、その「独自性」や「特殊性」が規定され、変容していった。そして一九三〇年代になると、次第に「日本庭園」は、ある特定の庭園史観や様式を想起させる概念として共有されるようになっていくのであった。

3　本書の構成

次に、本書の構成をまとめておく。

第一章では、日本庭園の解釈／理解の交流史という観点から、一九世紀末の西洋の読者に日本庭園を紹介したジョサイア・コンドルの日本庭園論とその文脈を読み解いていく。コンドルの*Landscape Gardening in Japan*（一八九三）は、西洋人による初めての体系的な日本庭園論の文献として知られているが、その七年前に、この原型となる論文"The Art of Landscape Gardening in Japan"（一八八六）が日本アジア協会の機関紙に掲載されている。(9) これまでその存在が指摘されていながらも、所見の限りこの論文には、十分な関心が注がれてきたとはいえない。(10) そこで第一章では、コンドルの二つの庭園論を、一九世紀末という思想空間と照合しながら検証していく。コンドルの日本庭園観を分析することで、一九世紀末の西洋における日本庭園理解の土壌を明らかにすることを試みる。

コンドルの日本庭園論は、その後の西洋人にどのような影響を与えたのだろうか。第二章では、コンドルと同時代の一九世紀末に、西洋人たちによって著された日本庭園論を考察する。近代日本と西洋の交流史において重要な役割を果たしたエドワード・モースとジョン・ラファージ（John Lafarge 一八三五－一九一〇）、そしてバジル・ホール・チェンバレン（Basil Hall Chamberlain 一八五〇－一九三五）とラフカディオ・ハーンらの日本庭園に関する記述を分析し、それぞれの共通点や相違点を整理したい。コンドルら一九世紀末から二〇世紀初頭の欧米人たちの関心を集めたのは、主に、生活文化の一部としての庭であった。アプローチは異なるとはいえ、かれらの眼差しは、日常生活の中の庭を中心に向けられており、歴史的な寺院庭園や作庭家にほとんど関心が払われていないという点で、いわばコンドルのもたらしたパラダイムに位置付けることができる。

そうしたパラダイムの転換を促したと思われるのが、昭和三年（一九二八）にロンドンで出版された原田治郎（一八七八－一九六三）の *The Gardens of Japan* である。[11] 第三章では、原田治郎に注目し、かれの日本庭園論を考察した上で、原田が及ぼしたその後の影響を検証していく。原田の著作は、日本人による他の文献に比して、一九三〇年代以降の英語圏における日本庭園論で頻繁に参照されていく。原田は、イギリスやアメリカなど、特に英語圏における日本庭園観の形成を考察する上で欠かせない人物であるといってよい。アメリカで青年期を過ごし日本に帰国した後、原田は、数多くの英語による日本美術論を執筆したほか、東京国立博物館に勤務しながら翻訳や通訳に携わり、庭園だけでなく日本の美術を西洋に紹介した。建築家の堀口捨巳（一八九五－一九八四）が『桂離宮（海外限定版）』を出版した際に、英文要約を担当した原田は、「わが国美術書の英訳については、内外を通じて比肩するものなき権威である」と紹介されているが、[12] これまで、庭園研究者たちをはじめ、日本美術の研究者たちにもほとんど顧みられることはなかった。そこで第三章では、原田治郎を論じることを通じて、これまでの庭園史に描かれることのなかった西洋と日本の関係の空白を埋めていくことを試みる。

原田の *The Gardens of Japan* が出版された一九二〇年代になると、日本の庭園研究者たちは、西洋からの眼差しに対する自覚を強めはじめる。それは、一九三〇年代という時代相とともにさらに顕著となり、多くの研究者たちが、西洋人には日本庭園を理解することはできないと断じるようになっていった。先述した佐藤昌のように、研究者達がコンドルの影響力を批判的に指摘しはじめるのが一九三〇年代であった。第四章では、こうした西洋人の日本庭園理解に対する日本国内の反応の諸相について考察する。一九三〇年代に入ると、欧米諸国で日本庭園に対する関心が高まっていることが、新聞などのメディアを通じて広く一般的にも知られるようになっていった。この時期、西洋からの視線に対して敏感に反応したのは、庭園研究者たちだけでなく、建築などの隣接する分野の研究者たち、さらに、作家や華道家などいわゆる「文化人」といわれる人々も含まれていた。なかには少数ながらも、外国人の日本庭園理解を肯定的に受けとめていた人々もいたが、そのほとんどが、西洋人には日本庭園を理解することは不可能であるという認識を共有していた。「国際的」になっていくにつれて、日本庭園は、世界の人々が理解し堪能できる「普遍性」を見出されたのではなく、西洋人には理解できない「独自性」を担わされていったのだった。

では、日本庭園の「独自性」の内実とは、いったいどのように規定されていったのだろうか。第五章では、一九三〇年代の造園学者たちと、その周縁に位置した人々が、どのように日本庭園の「独自性」を論じたのかを考察する。華道家の西川一草亭（一八七八－一九三八）のもとには、哲学者の和辻哲郎（一八八九－一九六〇）や谷川徹三（一八九五－一九八九）、そして作家の志賀直哉（一八八三－一九七一）や室生犀星（一八八九－一九六二）など当時の文化人たちが集う一種のサロン的な場が形成されていたが、そこで日本庭園は頻繁に取り上げられるトピックであった。また、ドイツで美学を修め、日本庭園を事例に日本芸術論をまとめた鼓常良（一八八七－一九八一）や、昭和の作庭家として知られる重森三玲（一八九六－一九七五）らも、造園学とは異なる立場で日本庭園の「独自性」に言及している。第五章では、造園学とその外部という異なる立場から発せられた、日本庭園の「独自性」に関するさまざまな見解を整理する。多様な日本庭園観が示された一方で、多くの共通点を有する日本庭園論が一九三〇年代の言説空間に出現するまでの経緯を追う。

「日本庭園」は西洋でどのように理解され、解釈されたのか、そして日本はそれに対してどのように反応したのか。第一章から第五章までの検証の結果を踏まえて、最終章では、近代の日本において、「西洋人のみた日本庭園」と「日本人の提示した日本庭園観」の往還が、どのような日本庭園像を形成するに至ったのかについてまとめてみたい。

註

（1）鈴木誠『欧米人の日本庭園観』（造園学論集別冊二）、東京農業大学農学部造園学科、一九九七年、二－六頁。
（2）『ブリタニカ国際大百科事典電子辞書対応小項目版』、ブリタニカ・ジャパン、二〇〇八年。
（3）鈴木誠『欧米人の日本庭園観』二三－三七頁。
（4）Josiah Conder, *Landscape Gardening in Japan: Supplement to Landscape Gardening in Japan, with collotypes by K. Ogawa*, Tokyo, Kelly & Walsh LTD, 1893.
（5）佐藤昌「外国人が見たる日本庭園」『園芸学会雑誌』第四巻第一号、一九三三年、八八－一〇六頁、鈴木誠『欧米人の日本庭園観』（造園学論集別冊二）、東京農業大学農学部造園学科、一九九七年。そのほか、西洋人の日本庭園論を検証した論考として、以下を参照した。榾西貞雄「外國人の日本庭園に対する理解について」『造園雑誌』第一三号第一巻、一九四九年、一－九頁。内山正雄「タナードの庭園論について」『造園雑誌』第一六号第二巻、一九五二年、九－一〇頁。横山光雄「西欧庭園家のみた日本庭園」『日本文化としての庭園―様式と本質』丹羽鼎三記念出版会編、誠文堂出版、一九六八年。進士五十八『日本庭園の特質』東京農業大学出版会、一九八七年。木村三郎「造園事情の日米欧交流の歴史的系譜と評価」『造園雑誌』第五〇号第四巻、一九八七年、二四三－二五五頁。
（6）佐藤昌「外国人が見たる日本庭園」九七頁。
（7）鈴木誠『欧米人の日本庭園観』一六七頁。
（8）西洋の視線と日本側の反応について、庭園については、井上章一『つくられた桂離宮神話』（弘文堂、一九八六年）、美術については、北澤憲昭『眼の神殿―「美術」受容史ノート』（美術出版会、一九八九年）、『境界の美術史―「美術」形成史ノート』（ブリュッケ、二〇〇〇年）、馬渕明子『ジャポニズム―幻想の日本』（ブリュッケ、一九九七年）、稲賀繁美「日本美術像の変遷―印象主義日本観から「東洋美学」論争まで」『環―歴史・環境・文明―vol. 6』（藤原書店、二〇〇一年七月、一九四－二一二頁）などがある。日本の近代化過程における西欧の受容と社会変容についての論考として、園田英弘『西洋化の構造』（思文閣出版、一九九三年）などもある。

（9）Josiah Conder, "The Art of the Landscape Gardening in Japan", *Transactions of the Asiatic Society of Japan*, Vol. XIV, Yokohama, R. Meiklejohn & Co., 1886, pp. 119－175.

（10）鈴木博之『ヴィクトリアン・ゴシックの崩壊』（中央公論美術出版、一九九六年）では、コンドルが日本アジア協会誌に図書の原型となる論文を発表したことに触れられているが、とくにその内容は、検討の対象とはなっていない。

（11）Harada Jiro, *The Gardens of Japan*, ed., Geoffrey Holme., London, The Studio Limited, 1928.

（12）「筆者紹介」、堀口捨已著、佐藤辰三撮影、原田治郎英文要約『桂離宮（限定海外版）』毎日新聞社、一九五二年。

第一章　ジョサイア・コンドルの日本庭園論

1　はじめに

イギリス人建築家ジョサイア・コンドル（Josiah Conder 一八五二－一九二〇）の *Landscape Gardening in Japan* は、英語による初めての体系的な日本庭園論であり、明治二六年（一八九三）に出版されて以来、現在に至るまで、欧米人による日本庭園論に頻繁に参考文献として挙げられている。コンドルは、明治一〇年（一八七七）に工部大学校（現東京大学工学部）の造家学科講師として来日し、鹿鳴館（一八八〇－八三）やニコライ堂（一八八四－九一）のほか、明治時代の重要な建築設計を担い、また辰野金吾（一八五四－一九一九）をはじめとする近代日本を代表する建築家を育てた人物である。建築史ではその功績が広く知られている一方で、コンドルの日本庭園論については、これまで国内の庭園研究者たちに十分に考察されてきたとはいえない。日本国内でコンドルの庭園論に関心が向けられるようになったのは一九三〇年代に入ってからであり、その際に下された評価は、けっして高いとはいえないものであった。本章で検証するように、一九三〇年代に日本の庭園研究者たちが下した評価は、当時の歴史的文脈において改めて問い直す必要があるにもかかわらず、その後、今日まで継承されている(1)。明治二六年（一八九三）の初版以降も再版を重ね、近年では、平成一四年（二〇〇二）に講談社インターナショナル（東京）とケーガン&ポール（ロンドン）から復刻版が出版されており、コンドルの日本庭園論は、欧米ではいまだに影響を及ぼし続けているといえる。しかしながら、日本の庭園研究においては、ジョサイア・コンドルの評価は、一九三〇年代以降、ほとんど更新されることなく現在に至っている。

コンドルの *Landscape Gardening in Japan* は、欧米の読者を念頭に執筆されているが、単なる英語による日本庭園の紹介という枠を越えて、一九世紀末のイギリスで日本庭園に対してどのような関心が形成され、受容の背景とはいかなるものであったのかを映しだす文化史的な資料としての性質を備えている。それだけでなく、日本の庭園研究者たちのコンドルに対する冷ややかな反応は、二〇世紀に入って構築されつつあった国内の庭園研究の価値体系をも映しだすものである。そこで本章では、まず、コンドルの日本庭園論を精査し、イギリスにおける日本庭園受容の文脈を明らかにしたい。さらにコンドルに対する国内の庭園研究者たちの反応を検証し、評価の形成過程においてどのような意志が交錯したのか、あるいはどのような力学が作用したのかについても論じていく。コンドルの日本庭園論と日本側の反応の分析を通じ、日本庭園の理解をめぐって、日本とイギリスの間にどのような往還があったのかを明らかにしていきたい。

まずは、ジョサイア・コンドルの背景について、本章と関わると思われる箇所を中心に簡単に触れておきたい。コンドルは工部省の技師として明治政府と契約し、明治一〇年（一八七七）にイギリスから来日した。わずか二十五歳で工部大学校造家学科（東京大学工学部の前身）の教師となり、教え子にはのちに近代の日本を代表する建築家となる辰野金吾や片山東熊（一八五四－一九一七）などがいる。辰野や片山らを含む第一回生の卒業論文の課題は、「日本の将来の住宅について」であり、内容は「将来の日本の住宅様式に、和洋の問題はどのように現れるか」を問うものであったという。(2)「和洋の問題」とあるが、異なる要素を「折衷」し、「東洋的感覚西洋建築」(3)の実現をコンドルは目指していたといわれている。コンドルは、来日の前年にイギリス王立建築家協会主催の競技設計で最優秀賞（ソーン賞）を受賞したが、その図案は、尖ったゴシック調のアーチにチューダー風のインテリアの「折衷式」であった。(4) 日本では開拓使物産売捌所（ヴェネチアン・ゴシック）や有栖川宮邸（フレンチ・ルネサンス）、そして訓盲院（ロマネスク）などを手がけ、コンドルの設計には、「様式的多様さ」が認められる。

明治政府が欧化政策の一環として純西洋風の建築を求め、西洋様式の「直輸入」を望んだ一方で、コンドルはインドやイスラムなど多様な様式を取り入れていった。代表作の上野博物館（現東京国立博物館）はサラセン風、そして鹿鳴館もまたインド・イスラム風という「東方」の様式である。(5) こうして明治政府との間に溝が生まれていくなか、工部大学校との契約が切れたコンドルは、政府関連の公館に代わって、次第に私人の住宅設計を活動の中心としていった。かれが設計した住宅建築も、西洋建築の様式を基本としながら日本風の要素を加えるという「折衷式」を採用している。(6) 積極的に多様な要素を取り入れた図面からは、西洋の建築様式を単に日本に啓蒙するのではなく、それぞれの様式の特徴と独自性を正確に把握し、東西の融合を建築に実現しようとしたことがうかがわれる。

コンドルの「折衷主義（エレクティシズム）」は、一九世紀末のイギリス建築に根ざしていたと考えられている。コンドルは、叔父で建築家のロジャー・スミス（Thomas Roger Smith 一八三〇－一九〇三）と、当時イギリスでヴィクトリアン・ゴシック様式を代表する建築家であったウィリアム・バージェス（William Burges 一八二七－八一）に師事していたが、かれらもまた、「東方」の建築様式に高い関心を寄せていた。バージェスは、インドやトルコのほか、中国や日本の建築様式を、そして、スミスはインド風のヴェランダを、それぞれ自身の作品に積極的に取り入れていたという。(7) さらに、多様な様式を折衷するスタイルは、一九世紀末のイギリス建築におけるゴシック・リバイバル末期の特徴的な手法とも指摘されている。(8)コンドルは、ゴシック・リバイバル最盛期にロンドン大学で建築学を、また南ケンジントン美術学校（現王立美術大学）で美術史を学んでいる。二人の師にみる「東方」への関心と、ゴッシク・リバイバルの特徴としての「折衷主義」は、日本に渡り「和洋の問題」に取り組んだコンドルの関心の形成に一定の役割を果たしたといえるだろう。

コンドルはまた、日本美術への造詣も深かったことも知られている。(9)来日後のコンドルと日本美術とを最も強く結ぶ接点は、河鍋暁斎（一八三一－八九）に入門し、「暁英」の称号を得るほど親交を深めたことであろう。コンドルは、来日前に、ロンドンの博物館で暁斎の画を見ていたといわれている。幕末から明治時代にかけて、鋭敏で大胆な画風を確立した河鍋暁斎は、歌川国芳から浮世絵を学んだのち、前村洞和（?－一八四一）と狩野洞白（一七七二－一八二二）に師事し狩野派の画を学んだ。自らを「狂斎」「酒乱斎」と号したように、独特な画風で知られるが、作品には浮世絵だけでなく、狩野派の流れをくむ漢画も多い。日本国内の美術史においては、「近世の大衆性」ゆえに「一時は忘れられた存在」となったこともあったが、一方、ヨーロッパでは、ウィーン万国博覧会に展示されたことをきっかけに高く評価され、「北斎の弟子」と誤伝されながらも人気を博し続けた。(10)東洋美術収集家のエミール・ギメ（Émile E. Guimet 一八三八－一九一八）が来日した際に、同行した画家のフェリックス・レガメ（Félix Régamey 一八四四－一九〇七）とともに暁斎を訪れていることからも、海外での人気がうかがわれよう。弟子として入門したコンドルは、暁斎から庶民的な近世の要素と、中世に起源をもつ狩野派の伝統という、異なる要素や様式を同時に学んだといえる。

来日から九年後の明治一九年（一八八六）に、コンドルは日本アジア協会で、“The Art of the Landscape Gardening in Japan”を発表した。日本アジア協会は、日本に住むイギリス人とアメリカ人の外交官や実業家を中心に、明治五年（一八七二）に横浜で設立された。日本に関する理解を深めるために、学術的な成果を共有することを目的に、月に一度の例会と年一回の会報の発行を主な活動として、現在に至る。初期の会員には、バジル・ホール・チェンバレン（Basil Hall Chamberlain 一八五〇－一九三五）やアーネスト・サトウ（Ernest Meason Satow 一八四三－一九二九）、ラフカディオ・ハーン（Lafcadio Hearn 一八五〇－一九〇四）やヘボン（James Curtis Hepburn 一八一五－一九一一）など、日本と欧米の交流史に重要な役割を果たした人物も多い[11]。コンドルは、一八八六年七月の月例会で口頭発表を行い、その原稿が、"The Art of the Landscape Gardening in Japan" と題され、日本アジア協会会報誌に収められた。本論文は、後に、エドワード・モース（Edward S. Morse 一八三八－一九二五）やチェンバレン、そしてハーンが庭園について言及した際には、参考資料として紹介されており、当時としては、英語による日本庭園に関する唯一ともいえる貴重な情報源であった。

2　コンドルの日本庭園論

日本アジア協会会報誌で "The Art of the Landscape Gardening in Japan"（以下、論文）を発表してから七年後の明治二六年（一八九三）に、コンドルは、*Landscape Gardening in Japan*（以下、著書）を出版する。この論文は著書の下地になっており、著書に対する理解を一層充実させるものである。しかしながら、これまでその存在は指摘されながらも、所見の限り、内容についての詳細な分析は十分になされてきていない。これまで見過ごされがちであった論文は、コンドルの日本庭園論の思想的背景を明らかにする上で、きわめて重要な資料である。そこで以下では、論文と著書の双方からコンドルの日本庭園論の特徴をまとめ、執筆の背景にどのような関心や知的枠組みがあったのかを検証していきたい。

論文と著書に共通する特徴の一つとして、まず、西洋で発達した庭園に対して、批判的な立場から日本の庭園を論じていることが挙げられる。西洋と日本の庭園の単なる比較というよりは、前者に欠如している要素を指摘しながら、後者の特徴を論じるという立場をとっており、それは特に論文において顕著である。二つ目の特徴は、日本庭園における「型」と「型からの逸脱」という一見相反した原理の重要性を説いたことである。「型」を遵守しながら「型からの逸脱」がどのように日本では実践されているのか、特に著書では、江戸時代の作庭書や明治時代の出版物を参考にしながら、事細かに論じている。さらに三つ目の特徴として、造形上の情報に比べて、思想に関しての記述が少ないことが挙げられる。造形と思想については、情報量だけでなく、コンドル自身の関心や理解の深度に興味深いギャップが認められるのである。また、コンドルが江戸時代の出版物を用い、多くの大名庭園を紹介したことも、かれの日本庭園論の重要な特徴の一つである。特に著書では、江戸時代に出版された資料や作庭された庭園を中心に議論を展開している。のちに触れるように、コンドルが江戸時代に重きを置いたことは、その後のかれの評価を左右することになった。

（1）ヨーロッパの庭園における「自然らしさ」の喪失

コンドルは日本庭園の特徴について、ヨーロッパの庭園と対比し、あるいはそれを批判的に描写することによって、浮かび上がらせようとしている。以下にみるのは、論文からの引用でコンドルによるヨーロッパの庭園の描写であるが、この箇所は、七年後の著書にもほぼそのままの形で継承された。コンドルがどのようにヨーロッパの庭園を捉えていたかを示すシンボリックな文章ともいえる。

Again, the European landscape gardener further embellishes his grounds with architectural constructions of most heterogeneous character. Greek temples, ruined arches, funereal urns and monuments, obelisks, rustic cottages, Italian bagnios, Turkish kiosks, and Chinese bridges are capriciously interspersed in the most celebrated gardens. All forms associated, in poetry or romance, with the picturesque and the fantastic are introduced with very little regard to congruity or appropriateness. Such eclectic principle contrast in a marked manner with the purely native character which pervades the designs of Japanese horticulturists.(12)

ヨーロッパの風景庭園の庭師は、もっとも異種の性質をもつ建築物をもちいて、敷地によりいっそうの装飾を施していく。もっとも名高い庭園には、ギリシャの教会、荒廃したアーチ、墓とモニュメント、オベリスク、田舎のコテージ、イタリア式の浴場、トルコの東屋、中国の橋が空想的に撒き散らされている。詩や物語において、ピクチャレスクと奇想に関わるすべての形象は、調和や適切さをほとんど考慮されることなく導入される。このような折衷主義的な原理は、日本の園芸家たちによるデザインに浸透している純粋な日本固有の特徴とは著しく対照的である。

ここで描かれているのは、一八世紀のイギリスで生まれ、その後ヨーロッパに広まっていった風景庭園（Landscape Garden）または自然式庭園と称される庭園様式である。風景庭園は、一つの庭園内に、ギリシャやイタリア、そしてトルコや中国など、異なる地域と時代の要素が混在するという特徴をもつ。この引用が示すのは、風景庭園には「調和や適切さ」が欠けており、それが日本の庭園と対照的であるというコンドルの認識であり、こうしたコンドルの庭園観は論文と著書に共通して見いだせる。コンドルは、風景庭園との比較、あるいはそれに対する批判を繰り返すが、ここで日本庭園と対置されている風景庭園がヨーロッパに誕生するまでの経緯を簡単にまとめておきたい。これは西洋の庭園史のなかにどのように日本庭園が位置づけられたのかを知る手がかりでもあり、日本庭園への関心がいかなる文脈で形成されていったのか、西洋の庭園文化が、どのように日本庭園を受容するに至ったかを明らかにすることにも繋がっている。

風景庭園とは、それまでヨーロッパで主流であった幾何学的な整形庭園を「不自然」とみなし、「自然らしさ」を追求して一八世紀のイギリスで生まれた様式を指す[13]。その後、ウィリアム・ケント（William Kent 一六八六－一七四八）やランスロット・ブラウン（Lancelot Brown 一七一六－八三）らイギリスの庭園家たちによって確立され、イギリスだけでなくヨーロッパ各地で流行していった。これより以前にヨーロッパで主流だったのは、ヴェルサイユ宮殿の庭園などに代表されるような幾何学的で左右対称に構成された整形庭園とよばれる様式である。この様式は一六世紀のイタリアで生まれ、一七世紀のフランスで発達したことから、フランス式庭園とも呼ばれるが、フランスだけでなくヨーロッパ全体に広く造営された。整形庭園は、「比例均等美を駆使した風景」と表現されるように、左右対称で規則的な直線が用いられ、幾何学的な図形で構成されている。一七世紀以降にも、ヨーロッパの各地に造営された。一方、イギリスで生まれた風景庭園は、左右対称の幾何学的な整形庭園の、いわばアンチ・テーゼとして、左右非対称で不規則な曲線によって理想的な風景を作り出そうという理念に基づいて生まれた。

風景庭園の誕生には、上記の引用中にもある「ピクチャレスク（picturesque）」という一八世紀のイギリスで台頭した美的概念の成立が密接に関わっていた。ここでいうピクチャレスクとは、現在一般的に使われる「絵のような、絵のように美しい」といった意味と異なり、山脈や岩壁など自然界の荒々しい風景に美を見いだす概念を指す[14]。それまで主流であった調和的な美への対立概念としてプライス（Uvedale Price 一七四七－一八二九）やナイト（Richard Payne Knight 一七五〇－一八二四）など一八世紀のイギリスの美学者たちによって定義された。それまで美しいとされていた優美さや繊細さとは対照的な、「ruggedness（ごつごつとした）」や「zigzag（ジグザグな）」と表されるような風景を「自然」とみなす概念であり、一八世紀イギリスの諸芸術を理念的に支えていくようになった。それまでの美意識とは「異質」のものを追い求めるピクチャレスクは、やがて「過去」や「異国」への憧憬や理想化へと発展していく。荒々しい風景に加え、「古代」や「異文化」までもが、幻想的な架空の景色として、絵画や文学作品などに描かれ、庭園に取り入れられていったのである。つまり、ピクチャレスクによって象られた風景庭園とは、ヴェルサイユ宮殿のような左右均整で規則的、そして幾何学的に花壇や噴水または並木道を配置した整形庭園からの脱却という性質をもって成立していったといえる。

ピクチャレスクという理念を含みつつ成立したイギリス式風景庭園だが、それまでとは異なる「自然らしさ」の追求は、次第に不規則性や不均等、そして「異質さ」の過度な導入へと繋がっていく。こうして廃墟や洞窟、水道橋や神殿など、時代も地域も異なる要素が「まき散らされている」風景が、庭園の「様式」として確立されていったのである。先に見たコンドルの引用は、自然らしさを追い求めたが故に、結果的に人工的に様式化されるというピクチャレスクと風景庭園の倒錯した状況を描写したものであった。

風景庭園が本来の理念とは逆の「不自然さ」をもつようになったもう一つの重要な理由として、コンドルが中国庭園の影響に言及していることに触れておきたい。一八世紀末のイギリスの庭園家でキュー・ガーデンの作庭を手がけたウィリアム・チェンバーズ（William Chambers 一七二三－九六）の *A Dissertation on Oriental Gar-*

dening（一七七二）[15]を引用し、コンドルは、イギリス式風景庭園の自然らしさの喪失に中国庭園の影響があったと考えていた。

> To such imaginary descriptions as the above may partly be attributed the extravagant taste for grotesquegarden structures of Eastern form, and for a confused variety of fanciful scenes, which gradually destroyed the naturalness of English landscape gardens.[16]
>
> 上記のこのような想像の描写（チェンバーズの著書のなかの中国の描写―筆者註）は、東洋の様式がもつグロテスクな庭園構造への豪奢な嗜好や混乱したさまざまの空想的な風景に起因するものかもしれないが、それらは次第にイギリス風景庭園の自然らしさを破壊していった。

チェンバーズの伝える中国の庭園や風景を引用し、コンドルは、中国的な要素が導入されたことによって、イギリスの風景庭園の自然らしさが失われていったと論じている。*A Dissertation on Oriental Gardening* は、著者であるチェンバーズ自身の観察と中国人芸術家との交流、そして旅行記に基づいて書いたとされるが、執筆の背景には、ヨーロッパで流行した「シノワズリー」の影響が認められる。「シノワズリー」とは、「中国趣味」を意味し、一七世紀半ばのヨーロッパで生まれた美術様式である。ヨーロッパの貴族階級を中心に広まった中国の陶磁器などから、その図案を模した中国風のデザインが流行していくが、次第に後期バロック様式やロココ様式などとも融合し、陶磁器だけでなく、建築や庭園など広く諸芸術にみられる様式となっていく。中国から伝わった様式というよりは、ヨーロッパの生み出した「想像上の中国」がモチーフとなっており、独特の装飾性やデザイン性を特徴とする。一八世紀に入ってからも、シノワズリーは、「異質さ」を好むピクチャレスクとも相俟って、風景庭園に取り入れられ、中国風の塔や大きな岩石を敷地内に配置することが流行していった。コンドルは中国の庭園を、「巨大で複雑な岩石を蜂の巣状の洞窟やグロットに加工するなど、日本の庭園よりも贅沢に装飾されている」と評している。(17) コンドルにとって、中国庭園の影響とは、独特の装飾性を意味し、風景庭園の「自然らしさ」を破壊する要因であった。コンドルは日本庭園の特徴を中国庭園の装飾性と対照的に定義し捉えており、両者の様式上の差異を明確に区別していたといえる。

ピクチャレスクやシノワズリーの影響を含みつつ、風景庭園には、文学や詩に表現されるような想像上の古代や異文化が、本来の文脈から切り取られ寄り集められていく。古代ローマを思わせる荒廃したアーチや廃墟のようなイタリア風の浴場、そして中国の橋や塔が、わざわざ新しく作られるような、極端な人為性を、コンドルは批判的に捉えていたのである。ヨーロッパの整形庭園から失われた「自然らしさ」の復権を掲げたはずのイギリスの風景庭園であったが、その発展において「自然らしさ」を喪失していったというのがコンドルの見解であった。

コンドルは、西洋の庭園を、「世界中の希有で美しい標本が寄せ集められ陳列された博物館」、また「万華鏡」とも表現し、西洋近代を象徴する視覚装置に準えている。(18) 西洋の庭園は、本来の文脈から切り離された異文化がかき集められ、視覚優位の美意識を満たしていく装置として、コンドルの目には映っていたと考えていいだろう。異文化の切り取りと収集、視覚の欲望を満たすという一九世紀末の西洋の美意識や世界との関わり方が、コンドルの西洋庭園の描写に、集約されているようにも解釈できる。

こうしたヨーロッパの庭園のなかでも、特に一九世紀末のイギリスで流行した庭園が失った「自然らしさ」を、コンドルは日本の庭園に見出し、ヨーロッパの読者に伝えようと試みたのだった。コンドルにとって、日本庭園の作庭方法を理解し、その詳細を伝えることが、ヨーロッパの庭園の「自然らしさ」を取り戻すことを意味していたのである。

（2）「型」と「型からの逸脱」―「理論」と「License」

コンドルは、日本庭園の作庭には、一定の法則があり、それに従いつつ、「自然らしさ」を保持する手段があると理解していた。以下では、コンドルの日本庭園論の重要な支柱ともいえる「型」と「型からの逸脱」についての記述を検証してみたい。

コンドルは論文と著書を通じて、日本庭園においては「contour, form, and proportion（形勢・形式・比率）」がもっとも重要であると繰り返し論じている。一方、ヨーロッパの庭園では、「形勢・型式・比率」よりも「色」が重要な役割を担っているという。日本とヨーロッパを対置した上で、日本の作庭においては、不自然な規則性を避けるために、「形勢・型式・比率」に関する法則があり、細心の注意が払われていることを強調している。これらの作庭上の法則と理論が記された指南書として、江戸時代から明治時代にかけて出版された作庭書を紹介している。そのなかでも、コンドルの著作は、とくに秋里籬島（生没年不詳）の『築山庭造伝』（一八二九）と本多錦吉郎（一八五一－一九二一）の『図解庭造法』（一八九〇）に多くを依っていることが確認できる。

江戸時代の俳諧師であった秋里籬島は、文政一二年（一八二九）に『築山庭造伝』を出版する。[19] 秋里は寛政一一年（一七九九）に『都林泉名勝図会』をはじめ、近畿地方のほか、東海道や木曽路を紹介する「名所図会」を数多く手がけた。『都林泉名勝図会』には京都の有名な庭園の図が収められ、解説が付されている。当時は、観光ガイドとして出版されたものだが、京都の名園が江戸時代にはどのような状態であったかを現代に伝える貴重な資料としての価値もある。秋里の著作で、コンドルの *Landscape Gardening in Japan* の参考文献として挙がっているものとしては、ほかに『石組園生八重垣伝（二巻）』（一八二七）がある。『石組園生八重垣伝』は、石組を中心に、灯籠や手水鉢、そして垣や井戸などを網羅し、解説を加えており、庭造りのための実践的な手ほどき本である。コンドルは、秋里のこれらの著作のすべてを参照し、挿図を転載しているが、このなかでも、特に『築山庭造伝』は、コンドルの日本庭園論の中核を理論的に支える資料であった。

秋里の『築山庭造伝』は、これよりおよそ一〇〇年前の享保二〇年（一七三五）に出版された北村援琴（生没年不詳）による同名の『築山庭造伝』を基に執筆されている。北村援琴の書について、秋里は、詳細な説明がなされているものの、「古風な俗説」も多く理解しにくいと評し、よりわかりやすく「真行草」の法則と技術を具体的に示すことを目的に、新たに補筆をくわえて自身の『築山庭造伝』を執筆したと述べている。「真行草」とは、元来、書体の格を意味し、真書はいわゆる「楷書」で知られるように最もフォーマルな正格、草書はもっとも崩した格で風雅な格とされ、行書はその中間の格をいう。書体だけでなく、庭園や生け花、そして絵画や俳諧、さらに表具などでも、格を示す概念として用いられることがある。

上中下の三巻からなる秋里の『築山庭造伝』の冒頭では、「法と度」を理解し、正しく伝えることの重要性が述べられている。「法と度」とは、「真行草」を中心とした法則を意味し、秋里は「真行草」を学ぶことが、自然の風流を獲得する術であると説く。上巻では、作庭の基本となる七つの型が図とともに説明されている（図1）。高低差のある「築山」と平らな「平庭」のそれぞれ「真行草」の六つの型（真之築山、行之築山、草之築山、真之平庭、行之平庭、草之平庭）と、茶庭の「真」に相当する「定式」（定式茶庭）を合わせた七つである（茶庭には定式のみで、「行」と「草」に相当する型はないと説明されている）。中巻には、庭の規模に応じた造り方や樹木の扱い方の説明、また、手水鉢や石燈籠のほか、作庭に用いられる道具の図が網羅されている。下巻では、各地に作られている庭が紹介されている。

「真行草」という用語は、古くは平安時代後期に成立したとされる『山水並野形図』に使われている。この時代には、庭を所有し、作庭することは支配層に限られており、「真行草」を含む作庭の知識は「秘伝」であり、広く共有されたものではなかった。「真行草」が広く庶民に知れ渡るようになったのは、江戸時代に入ってからである。庶民が庭を所有することが可能になった江戸時代には、秋里の著作をはじめとする作庭書が相次いで出版され、その多くに、「真行草」は庭の格として説かれている。

「真行草」を作庭の基本とみなすことは、明治時代になっても続いていたという。[20] コンドルの論文が出版された後、明治二三年（一八九〇）には、洋画家で測量士でもあった本多錦吉郎が秋里の『築山庭造伝』を基に、『図解庭造法』を出版する。本多は、秋里の『築山庭造伝』の上巻に収められた「築山」と「平庭」の「真行草」と「茶庭」の「定式」の七つの型の図を、遠近法を用いて描き直して、明治の読者たちに作庭の法則を伝えている（図2）。本多が秋里を参照したことについては、江戸時代に出版された作庭書のなかでも、秋里の『築山庭造伝』が版数から類推して広く読まれていたためと考えられる。

コンドルは、論文では秋里のみを、著作では秋里と本多の双方を引用しながら、「真行草」を作庭の基本として、説明に多くの紙面を割いている。明治時代に「真行草」の格が作庭に使われていたことを考慮すると、コンドルが秋里や本多の文献に重要性を見出したであろうことがうかがえる。しかしながら、後述するように、造園研究が確立された昭和以降、「真行草」は批判の対象となり、現在の作庭においても参照されることはほとんどないという。一九三〇年代にはいってから生じるコンドルへの批判も、江戸時代の作庭書を参照したこと、なかでも、

「真行草」の型を論じた点に集中する。

では、コンドルは「真行草」と「石組」に関してどのような解釈を示したのだろうか。

「真行草」については、日本庭園を作る際の理論として、「真」はもっとも完成された型、「行」は中間の型、そして「草」はもっとも自由な型であるとそれぞれ紹介した上で、コンドルは論文の中で以下のような解釈を示している。

> First as regards the theory of Japanese landscape gardening. It is usual to divide garden compositions into three styles expressive of their general character. These divisions are called Shin, Gio, and So, which in the present context may be translated as Finished or labored style, Intermediate style, and Free or bold style.
>
> In practice these styles are not sharply divided, but a garden according to its rough or elaborated character may generally be classed under one of the three heads.[21]
>
> 通常、庭園の構成は、一般的な特徴から三つの型に分けることができる。それらは、真・行・草と称され、それぞれ完成したまたは発展した型、中間の型、そしてもっとも自由で自在な型である。
>
> 実践上はこれらの型は明確に区別されていないが、それがもっとも自由であるか精巧であるかの特徴によって、この三つのどれかに分類される。

「真行草」を庭造りの「理論」として説明しているが、同時に、これらは実践上では明確に分類されていない

図１　秋里籬島『築山庭造伝』より「真之築山之全図」

図２　本多錦吉郎『図解庭造伝』より「真体仮山全図」

図３　*Landscape Gardening in Japan* より Hill Garden-Finished Style

という事実を伝えている。ここにコンドルは、「真行草」という「型」からの「逸脱」が実践では存在していることを示唆している。実践においては厳守されるわけではない型―こうした理論と実践のギャップを指摘し、「型」には回収できない、「型からの逸脱」が日本庭園の構成に存在するとコンドルは理解していた。論文では、秋里のみを参照しているが、七年後の著書にはさらに図解つきで多くの紙面を割いて説明している。コンドルの論文が発表された四年後の明治二三年（一八九〇）、洋画家の本多錦吉郎が秋里の『築山庭造伝』を基に『図解庭造法』を出版するが、コンドルは明治二六年（一八九三）に著書を出版する際には、秋里を踏襲した本多の『図解庭造法』をも参照し、本多の描いた挿絵を転載している[22]（図3）。つまり「真行草」に対する理解は、論文と著書に共通しており、著書ではさらに明治期の参考文献なども加えながら視覚的な資料を取り入れて説明がなされているのである。「型」と「型からの逸脱」の問題は、「石組」に関する記述のなかにも確認することができる。

Some writers go so far as to say that stones constitute the skeleton of the garden, that their form and distribution should receive the first attention, and that the trees and shrubs should be placed afterwards in such a way to emphasise and "*support*" these stones and connect them into one harmonious composition.(23)

石組は庭園の骨格を成すとまで論じる人々もいる。また、石の形象や配置はもっとも注意を払われるべきであり、さらに、樹木や芝はあくまでも石組を強調し、補助するものであって、全体として調和のとれた構成をなすように置かれなくてはならないという。

「石組は庭園の骨格である」という表現は秋里の『築山庭造伝』から本多の『図解庭造伝』に継承された箇所の引用であり、「Some writers」には秋里と本多が含まれていると考えられる。コンドルは、石の組み方によって、庭の「真行草」の格が象られると理解していた。日本の庭園において「石組は骨格」であるという表現は、このまま、その後の欧米人による日本庭園論に継承され、現在にまで至っている。(24)石組の形と配置についての正しい判断が、庭にとって最も重要であるという見解には、一方で、ヨーロッパの庭園における石の使い方への批判も含まれていた。岩や石とは、イタリア風のグロットやシノワズリーの影響を最も具現するものであり、西洋でも庭園の材料として好まれたが、コンドルは西洋庭園につかわれる岩や石のほとんどが、全体のバランスを欠き、時には危険な状態で放置されていると描写している。西洋庭園にも岩組があるが、それは岩石がただごろごろと置かれているに過ぎず、全体のバランスが考慮されていないとコンドルは批判している。それとは対照的に、日本庭園の岩や石は調和を重視して配置され、全体のバランスを保つ役割を果たしているとコンドルはみなしていた(25)。

こうして、秋里を引用し「骨格としての石組」の重要性を紹介しているが、コンドルはそれと同時に、これらの理論が実践では必ずしもすべて守られていないこと、実践上では、別の原理が作用していることを次のように論じている。

> There are other guiding principles which the landscape gardener applies to his deigns, such as suitability in character to the pursuits and rank of the proprietor for whom he constructs, and the expression in his compositions of some predominating sentiment. The garden is regarded as a poem or picture intended to arouse particular associations and inspire some worthy sentiment.(26)

> 風景庭園の園芸家にとって、ほかにも重要な原理がある。それは、庭の所有者の職業と社会的階層との適合性、その土地に漂うセンチメントを型に表現することである。庭とは詩や絵画のようにある特定の連想を喚起し、それに見合うセンチメントを刺激するものとみなされている。

「真行草」や石組などの理論も重要であるが、それと同様に、施主の社会性や作庭する土地がもつ本来の形状や「センチメント」が作庭にとってまた重要な原理であると強調している。「センチメント」とは、「情緒、情感」とも訳すことができようか、そうした土地のもつ性質にも十分に配慮しなければならないと論じている。ほかにも、作庭書が迷信を説き、過剰に難解な表現を用いていること、実際には、厳密に守られているわけではないことなどにもコンドルは言及している。つまり、『築山庭造伝』の理論を単に紹介するというよりは、むしろ「理論に回収できない実践上の事実」もまた存在することを指摘している。すでに植えてある樹木や石を活かし、それを補助しつつ作庭する必要性を説くなど、コンドルは、作庭書の理論だけに拘泥されることなく、実践的な作庭法をも紹介していた。土地が本来もつ特質を活かして作庭するためには、日頃からさまざまな風景をみて自然に親しむこと、さらにそれらをスケッチする習慣を身につけることを勧めるなど、『作庭記』の冒頭部分にも通じるような、まさに実践的な作庭法をコンドルが伝えようとしたことがわかる。コンドルは、秋里の『築山庭造伝』を鵜呑みにするのではなく、実践的な部分を抽出して参照する価値があるとみなしており、そこに著された理論は、読むに値する部分があると考えていたのだろう。そのため、理論は存在するが、実際には、土地や施主との関係性によって庭は生み出されるものであるとコンドルは強調したのだった。つまり、「型」と「型からの逸脱」の原理を、コンドルは欧米の読者に伝えようとしていたのである。

型と逸脱の問題については、次の一文にコンドルの理解が集約されているといえるだろう。「The designer has considerable license.（作庭家はある程度のライセンスを使うことができる）[27]」。ここで使われている「ライセンス」とは、「芸術性を高めるために、法則を守らない自由、型を破ること」を意味する。「真行草」や石組など理論を学ぶ必要や価値はあるが、同時に、作庭家には、芸術性のために型を逸脱する「ライセンス」があるということを、コンドルは日本の作庭書から読み取ったのである。

（3）思想性の不在―造形に対する理解とのタイム・ラグ

最後の論点として、思想に関するコンドルの記述を検証していきたい。コンドルは日本庭園の思想的な背景への関心が低かったとも指摘されているが[28]、確かに、作庭の方法に比して、思想についての言及は少ない。コンドルの日本庭園の思想についての理解は、どのようなものであったのだろうか。

Among the various sentiments which the horticultural artists have professed to express in their works, the following may be enumerated : The Happiness of Retirement, Long Life and Happiness, Modesty, Fidelity, Peace, Gentleness and Chastity, Connubial Felicity and Old age.[29]

園芸家達が作品で表現すると主張している情趣（センチメント）とは、次のように挙げることができる―隠逸、長寿、幸福、謙譲、忠誠、安逸、品格と高潔、良縁そして老境。

思想について言及している数少ない箇所からの引用である。日本の作庭家が表現する「センチメント（情感）」として、隠逸、長寿、幸福、謙譲、忠誠、安逸、品格、高潔、良縁、老境が挙げられている。これらの語の原典を考えると、「隠逸」「長寿」「幸福」「謙譲」「老境」などは道教に、そして「忠誠」「高潔」「品格」「良縁」などは儒教に関連する概念であると考えられる。これらの概念から想起されるのは、道教にせよ儒教にせよ、いずれも中国の思想である。なぜ、あるいはどのようにコンドルはこれらの概念を引用することになったのか、また、何を典拠としたのだろうか。これらを特定するには、資料が限定されており、推察の域を超えるものではないが、導入の経緯として二つの可能性を挙げてみたい。一つは、シノワズリーの影響下にあったイギリスで、コンドルは、中国庭園の思想的背景として知識を得たという可能性。二つ目として、コンドルが参照した江戸時代の文献からそのまま引用した可能性である。江戸時代の文献中に、庭園の思想的背景として道教と儒教が混合された形で説明がなされていた可能性は否定しきれず、コンドルがそれに依拠したことは十分考えられる。どちらであるかを特定するのは困難であるが、ここで重要なのは、造形上は明確に区分されていた日本庭園と中国庭園は、思想に対する理解においては未分化の状態であったという点である。上述の引用は、日本庭園の造形に対する理解と思想に対する理解にタイム・ラグが生じていたことを示している。一九世紀末のイギリスにおける日本庭園の造形への関心の高まりには、思想的な背景が必ずしも含まれていなかったということや、そもそも庭園に思想が存在するという前提が成立していない可能性などを暗示しており、この点を明らかにしていくことは、今後の課題としたい(30)。

思想性に対するコンドルの関心の度合いは、庭園史に関する記述と実存する庭園を紹介する箇所からもうかがうことができる。論文では、コンドルは室町時代に言及しているのみだが、論文から三年後に出版された横井時冬（一八六〇－一九〇六）の『園芸考』（一八八九）を参照し、著書では歴史に関して一章があてられている。横井に倣って、コンドルは日本史に沿った庭園の変遷をまとめ、鎌倉時代と室町時代、そして江戸時代を重要な契機とみなしていた。だが、コンドルの歴史の説明において、思想性に触れられることはほとんどない。

鎌倉時代とは、仏教僧たちによって庭園の文化が発展した時期と紹介し、「石組は、想像上の宗教的で道徳的な性質を付与され、仏教界の仏たちを表すよう配列される」と説明しているが、仏教の教えや道徳の教えの内実とは何か、それがどのように石によって表されているのかなどにはコンドルは踏み込んでいない(31)。また、室町時代に庭園文化がもっとも発展し、茶の湯の影響も大きな役割を果たしたという庭園史観は、論文と著書を通じて強調されており、この時代の作庭例として、龍安寺や大徳寺芳春院、そして銀閣寺や金閣寺などの禅宗寺院が紹介されているが、それぞれの庭の構造や岩石の形状、そして石組や灯籠の配置などの説明に重きが置かれており、禅の思想に関する説明はなされていない。枯山水の成立についても、水の風景や山の自然の風景を表す様式であり、通常、作り方などは仏教僧たちによって神秘に包まれていると紹介しているが、特に仏教の思想との関連性についての言及は見いだすことができない。京都の庭園については、多くが破壊され放置されていると指摘している箇所もあり、コンドルが実際に庭園を訪れて観察したとは考えにくく、文献や人を介して得た知識に基づき、歴史を記述した可能性が高いが、寺院庭園に関する説明において、仏教の思想や、禅的な解釈などについてはいっさい触れられていないのは興味深い(32)。

コンドル自身に思想への関心がなかったのか、または庭園には思想が含まれているという前提がそもそも存在しなかったのかなど、様々に解釈することができるが、いずれも推測の域を出るものではない。こうしたコンドルの日本庭園論における思想性の不在は、以下にみるように、日本国内の庭園研究者たちの批判を真っ向から受けることになる。

以上述べてきたように、西洋庭園に対して批判的であった点、型からの逸脱を重要とみなしていた点、そして思想に重きを置いていなかった点が、コンドルの日本庭園論の中心に据えられていた。では、コンドルの日本庭園論は、国内の庭園研究者たちにどのように受け入れられたのだろうか。

3　コンドルの日本庭園論に対する国内の反応

コンドルに対する評価が日本国内で浮上するのは、一九三〇年代に入ってからであった。この時期、日本国内では庭園に関する研究と教育の環境はより一層整備され、情報を交換したり議論する場が担保されていった。海外で日本庭園への関心が高まっているということが、議論で取り上げられるようになったのもこの時期の特徴である。海外から眼差しが注がれているという自覚が共有されるなかで、コンドルの日本庭園論は評価の対象となっていった。

佐藤昌（一九〇三－二〇〇三）は、公園の造営や緑地保全といった近代日本の都市計画において、中心的な役割を果たした人物であるが、佐藤は、「外国人の見たる日本庭園」（一九三三）の中で、一七世紀から一九二〇年代までの欧米人による日本庭園に関する記述を体系的に検証している。その目的は、欧米人が日本庭園を理解するうえでの「彼等が容易に陥り易い欠点」を見つけだすことであった。佐藤は、一九世紀末以降の欧米人の日本庭園理解は、コンドルの著書から派生しているという前提に立脚していた。[33]

佐藤は、コンドルの「観察の鋭敏さ」や「実際石屋へ行って調査した事がよく判明する」ほど詳しく描かれた石の説明、そして「石灯籠を最初に庭に入れた動機は照明のためでなく自然と心地よく対称する建築的装飾のため」など、コンドルが独自の解釈を示したことについて「敬服」に値すると評している。その一方で、コンドルが「古来の単行本」に依拠して論じたと批判している。「古来の単行本」とは、特に秋里籬島の『築山庭造伝』（一八二九）とそれを基にした本多錦吉郎の『図解庭造法』（一八九〇）を指しており、佐藤の批判は、秋里や本多を参照して、コンドルが「真行草」の型を説いた点に特に向けられていた。さらに、コンドルの説いた「真行草」が、その後の欧米人に影響を及ぼしたと評し、佐藤はコンドルの日本庭園論についての見解を次のように結んでいる。[34]

庭のコンポジションについては、真、行、草、或いは平庭、茶庭、路地庭、等築山庭造伝又は本多錦吉郎氏の絵を掲げて説明し必ず之の何れかによる事と見做して居る。（中略）以後三十数年間を経た今日尚真行草の三形が厳守されて一歩も之より出る事が出来ない様に信じさせ、依然として氏の説が行われて居るのは何となく我々にとって物足らぬ感は免れ得ない所であらう。(35)

ここで佐藤が言うように、確かに、コンドルは秋里などに依拠しながら、「真行草」を作庭の理論として説明した。しかしコンドルは、「真行草」という理論を逸脱する実践について伝えていたはずである。従って、佐藤の指摘は的確とはいえない。つまり佐藤は、コンドルの日本庭園理解の基軸ともいえる「型からの逸脱」の部分を、意図的かそうでなかったかは不明であるが、読み落としていたことになる。

さらに佐藤は、コンドルの「真行草」の説明に影響をうけた欧米人を次々に批判している。欧米人だけでなく、先述の本多錦吉郎に対しても、「徒にコンドル式の誤解を招かしむる結果を生ぜしめたであろう事は遺憾に堪えない」と佐藤の批判はやまない。その一方で、コンドルに依拠することなく、自由な印象が記されている欧米人による旅行記などは高く評価している。(36) コンドルによって「真行草」が日本庭園の重要な要素として欧米に伝達されたことについて「物足らぬ感がある」という感想を抱いたのは、佐藤昌ひとりではなかった。なぜこれほどまでに「真行草」がコンドル批判の源泉となり得たのだろうか。同時期の庭園研究者のコンドルに対する評価もみておきたい。

針ヶ谷鐘吉（一九〇六―？）による「コンドル博士の日本庭園観」（一九三四）は佐藤昌の論文の翌年に出版されたが、ここでもコンドルの「真行草」の理解に対する批判が繰り広げられる。針ヶ谷鐘吉は、東京帝国大学農学部で林学を学んだ後、高等造園学校や東京農業大学で西洋造園史を教えた人物である。針ヶ谷は、上述の佐藤の論文を参照し、「初めて日本庭園がかなり精密な外貌を整えて欧米人の前に展開された」と、コンドルの著書を位置づけている。そこで針ヶ谷は、コンドルの著書の分析を試みるが、その対象を序章のみに限定しており、それ以外の内容に対する検証は行われていない。針ヶ谷のコンドル評価は限定された部分に基づくものであったといえるが、佐藤と認識を共有していたことが次の引用からも読みとることができる。

大体其の観察した庭園から直接得た所によるものであらうが、本書を草するに当たつて数種の庭造書を参考にしている所から見れば、博士の日本庭園観は或る程度迄之等の書物によつて導かれもし、又歪められもしているように思はれるのである。例えば『築山庭造伝』に盛られた真行草の型式に捉われて、「日本人の間には其の芸術を精巧の度合によつて三種に分ける習慣がある。即ち粗造、綿密、其の中間といふ風に。芸術作品に之等の何れが行はれても、同一設計内に於ては一つの取扱いで一貫されねばならぬ。」となせる偏執もあり、又神秘を貴び、迷信を重んずる作庭書の教ふる内容を解釈して「単に芸術的趣味の考慮によつて、容易に説明し得る様な設計の理論法則を哲学的意義の神秘と神聖とで装うのが常である。迷信的な崇敬に訴へることは芸術に純真性を保ち、奔放不羈に陥るのを防ぐ爲に必要であつたと思はれる。識者の趣味に逆うものは俗人には不吉として禁じ、美的調和を損なう設計も亦不吉となし、芸術的平静を表出するものは特に吉兆として区別したのである。」となせる如き穿ち得た言葉もある。(37)

佐藤と同様に、針ヶ谷は、コンドルが秋里の『築山庭造伝』に頼り、「真行草の型式」については「偏執」していると断じている。しかしその一方で、迷信的な教えは、作庭の法則の「哲学的意義」や「芸術性」を保ち、理論を無視した庭造りを防ぐために、敢えて使われているというコンドルの解釈にも触れており、佐藤よりも踏み込んだコンドル評価をくだしているともいえる。迷信についてのコンドルの解釈を読み取りながらも、「真行草」の「型からの逸脱」の重要性をコンドルが論じたことに、針ヶ谷が触れることはなかった。佐藤も針ヶ谷も、なぜ、コンドルが「型からの逸脱」を論じたことに言及しないのか、それは意図的であったのかどうか、という疑問については、限られた資料から答えることは困難であるが、『築山庭造伝』を基に、「真行草」を論じたことへの一種のアレルギー的反応を、佐藤と針ヶ谷が共通して示したことは着目に値する。こうしたかれらの反応には、どのような背景があったのだろうか。

佐藤と針ヶ谷に共通してみられる反応には、一九二〇年代後半から日本の庭園研究者の間で形成されつつあった「江戸時代性」に対する評価の一端が示されている。この時代の庭園研究者たちの言説を見渡してみると、室町時代に作庭された庭園の様式や思想性への高い評価が形成されつつあったことがわかる。江戸時代に成立した様式や作庭書に対する否定的な見解は、室町時代のそれへの評価といわば表裏一体のように庭園研究者たちの言説に出現するようになる(38)。江戸時代に発達した回遊式庭園には、名勝地を模した縮景が多く使われていることから「写実性」が特徴とされ、芸術性や思想性に乏しいという評価がなされていく。それと同時に江戸時代に著された庭園書もまた、「型」に拘泥したものという評価が下されていったのであった。つまり、コンドルの日本庭園論は、秋里を参照したことを根拠に、日本国内の庭園研究における室町時代至上主義的な評価体系の生成過程という文脈に、半ば強引に、位置づけられたのである。では、佐藤や針ヶ谷に想定されている江戸の作庭書や「真行草」には回収できないものはなんだったのか、針ヶ谷の言葉から確認しておきたい。

日本の古美術や浮世絵の真価は欧米人によつて見出され、我国の人々は彼等の説を聞くに及んで漸く其の芸術的価値に目覚めた。然るに日本の庭園芸術に至つては、国土風習を異にする欧米人にとつて甚だ理解し難い存在であることを博士は認めたのである。即ち博士の所謂「好ましい空想を豊かに暗示する」という言葉は禅道や俳句の持つ幽玄味、或は茶の精神を意味するものでなくてはならない。而して之は彼等の容易に入り難い悟道の世界である。(39)

庭園においては「禅道や俳句のもつ幽玄味」や「茶の精神」こそが重要であり、コンドルはそれらを汲み取ることができなかったというのが針ヶ谷の下した評価であった。針ヶ谷にとって、日本庭園の「芸術的価値」とは、禅や幽玄、茶という中世で発達した文化と結びつくべきものであり、江戸時代の作庭書や写実性とは対局におかれたものであった。針ヶ谷はこれより以前にも、「京都にある室町時代の諸名園」と、写実的な江戸時代の回遊式庭園を対比させ、前者が外国人には理解しがたいと主張し、京都をローマに準えたりしてその芸術性の高さを強調している。(40)このように江戸時代の庭園と室町時代の庭園を対置する評価体系に立脚していたのは、佐藤と針ヶ谷などの庭園研究者だけでなく、庭園研究の枠を越えて、当時の知識人や文化人とされる人たちも含まれていた。ドイツへ留学して美学を学んだ鼓常良（一八八七－一九八二）は、そうした知識人の一人であるが、書画や絵画、そして茶道にも通じていた相阿彌をルネサンス時代の芸術家に準え、相阿彌の出現が日本の庭園文化の発達を実現したと論じている。(41)室町時代に庭園文化の発達が頂点に達したという歴史観は、一九三〇年代の庭園をめぐる言説を席巻していたのである。

佐藤と針ヶ谷は、コンドルが重要とみなした「型からの逸脱」について触れることなく、秋里や本多を踏襲し、また、多くの欧米人にコンドルの影響が及んだことに批判を向けた。また、ピクチャレスクという概念やシノワズリーの流行、つまり風景庭園における自然らしさの喪失というコンドルが立脚していた西洋庭園史的な文脈と、かれの日本庭園論との関連性についても、考慮されたとは言いがたい。このようなコンドルに対する否定的な見解は、この時代の「江戸時代」への評価を映し出すものであった。佐藤と針ヶ谷によってなされたコンドルの日本庭園論に対する評価は、その後、検討の対象となることなく現在に至っており、一九二〇年代後半から三〇年代に形成されたコンドルに対する評価は、今日もなお継承されている。

4　おわりに

一九世紀末から二〇世紀初頭の日本とヨーロッパの文化史に、コンドルの日本庭園論を照らし合わせてみえてきたのは何であったのか、またコンドルの日本庭園論の文化史的な意義とはいかなるものであったのか。最後に、ヨーロッパの庭園史上に、コンドルの日本庭園論がどのように位置づけられるのかを示唆する引用を挙げてみたい。

フランス人は庭園に幾何学的図形を配置し、イギリス人は牧草地に家を建て、シナ人は窓前におどろおどろしい滝を落下させる。すなわち三種の悪趣味。この三つを匡して、はじめて真の美に到達するのである。(42)

これは、一八世紀のフランスの文人ダルクール公爵が著した『造園論』からの言葉である。「三種の悪趣味」とは、フランスで発達した整形庭園、それに対するアンチ・テーゼとして成立したイギリスの風景庭園、そしてヨーロッパの庭園におけるシノワズリーの導入を指す。ここには、ヨーロッパの庭園様式の変遷のあり方に対する皮肉と、現状を「匡す」ための新しい様式を模索しようとする欲求がにじみ出ていると解釈できる。この皮肉と模索が、約一〇〇年という時間を経ても、コンドルのヨーロッパの庭園への批判、それをただす新しい様式としての日本庭園論の発信にも通底していたと考えていいだろう。ここにみえるのは、整形庭園の規則性も、風景庭園の不規則性も極端に発達し、さらにシノワズリーの影響によって人為的な装飾性でヨーロッパの庭園が彩られていったことを問題視するという文脈に、コンドルが立脚していたことである。ヨーロッパの庭園史において、「自然らしさ」の喪失がひとつの問題として共有され、そうした文脈に、日本庭園が受容されていったといえるだろう。新しい要素を絶え間なく取り入れようとする欲求と、「自然らしさ」の復権という目的が、コンドルの日本庭園論の裏側に作用していたのである。コンドルの日本庭園論には、イギリス、ひいてはヨーロッパの庭園が、どのように「異質なもの」を受け入れ、また馴致してきたかの変遷が集約されていると同時に、一九世紀末のヨーロッパで日本庭園への関心が形成された経緯と、どのように日本庭園を受容するに至ったのかが映しだされている。

また、コンドルに対する一方的な評価には、江戸時代と室町時代の様式を対置する日本庭園史観が日本国内の庭園研究者たちによって構築されつつあったことが関連していた。日本では、コンドルの日本庭園論は江戸時代の作庭書を参考にした点のみが特化され、否定的な評価が一九三〇年代に相次いでくだされてしまう。秋里と本多を参照したことは、造形のみへの関心、すなわち思想性への関心の欠如とみなされ、コンドルの理解は、表面的なレベルに終始したという評価へと繋がっていった。しかし本章で考察した結果、このような一方的ともいえるコンドルへの評価は、日本庭園をどう理解するのか、またその独自性をどのように定義するかなど、日本国内の庭園研究者たちによる日本庭園像の形成過程に根ざすものであった。コンドルに対する批判は、国内の研究者たちによって室町時代と江戸時代の庭園様式を対比するような、極端で、なおかつ、二項対立的な価値体系が構築されていたことを反映していたのである。

しかしコンドルは、江戸時代の作庭書を参考としながらも、批判的な解釈を交えながら実践的な知識を抽出し、ヨーロッパの読者たちへと伝達した。つまり、時代に応じた解釈を用いて江戸時代の理論を継承したのであり、前近代から近代の文脈に適応するように変換したとも、あるいは、日本庭園に対する理解の近代化を、コンドルは試みたともいえる。コンドルの日本庭園論が担った役割あるいは担い得たはずの役割が十分に検討されていない事実は、日本国内の庭園研究における価値体系が、一九三〇年代に構築されたまま、現在に至るまで十分に相対化されていないことを意味している。コンドルの日本庭園論を再考することは、庭園を受容する側と発信する側との往還がおりなす文化史を再構築する作業ともなり得るだろう。

のちに高い芸術性が認められる室町時代の庭園や思想に触れず、京都の「名園」への関心が低かったこと、そして江戸時代の作庭書を参照したことが、国内の研究者たちから批判されたが、こうしたいわば「コンドル・パラダイム」は、多くの欧米人にある時期まで継承されていった。コンドルの日本庭園論は、近世と近代の資料を融合しており、英語による資料としては唯一のものであったことからも、日本と欧米との交流史で重要な役割を果たした人物たちに、影響を及ぼしていった。次章では、明治時代に日本に滞在し、その後の、欧米における日本文化理解に貢献した人々――エドワード・モース、バジル・ホール・チェンバレン、ラフカディオ・ハーン――が、どのように日本の庭を論じ、コンドル・パラダイムといかなる関係性にあるのかについて考察したい。

※文中の日本語訳はすべて筆者による。

註

（1）近年においても、コンドルに言及する際に、佐藤昌「外国人の見たる庭園」（『園芸学会雑誌』第四巻第一号、一九三三年四月、八三－一〇六頁）のコンドルの著作の要約を引用し、原典との照合を省く研究論文が発表されている。

（2）村松貞次郎『お雇い外国人⑮―建築・土木』鹿島出版会、一九七六年、二八頁。

（3）富田仁「欧風建築―鹿鳴館の設計者となったコンダー」牧野昇・竹内均監修、富田仁責任編集『貢献した外国人たち』日本放送出版協会編『日本の「創造力」―近代・現代を開花させた四七〇人　第一五巻』、日本放送出版協会、一九九四年、三三六―三四五頁。

（4）鈴木博之・藤森照信監修『鹿鳴館の夢―建築家コンドルと絵師暁英＝Josiah Conder』ＩＮＡＸ、一九九一年。

（5）村松貞次郎著、瀬底恒編『日本の近代化とお雇い外国人』日立製作所、一九九五年、四八－九頁、富田前掲論文（註3）。

（6）鈴木博之『ヴィクトリアン・ゴシックの崩壊』中央公論美術出版、一九九六年、一三二頁。鈴木博之「コンドルの肖像画を求めて（上）」『月刊百科』平凡社、一九九二年、二〇－二五頁、鈴木博之「コンドルの肖像画を求めて（下）」『月刊百科』平凡社、一九九二年、一六－二一頁。

（7）藤森照信『日本の近代建築（上）―幕末・明治篇』岩波書店、一九九七年、一九一－一九五頁。

（8）「ゴシック・リバイバル」がコンドルに及ぼした影響については、鈴木前掲書（註6）九八頁を参照した。一二世紀中頃に生まれたゴシック建築を舞台とした怪奇小説が、一八世紀半ばから一九世紀初頭にイギリスを中心として流行し、「ゴシック・リバイバル」が起こる。その影響が色濃く残るロンドンで、コンドルが建築学や美術史を学んだことについて論じている。

（9）河鍋暁斎とコンドルの関係については、Josiah Conder, *Paintings and Studies by Kawanabé Kyōsai : an illustratedand descriptive catalogue of a collection of paintings, studies, and sketches, by the above artist, with explanatory notes on the principles, materials, and technique, of Japanese painting,* Tokyo, Maruzen Kabushiki Kaisha, 1911 を参照した。

（10）河鍋暁斎の評価については佐藤道信「河鍋暁斎の歴史的評価の形成」『明治国家と近代美術』（吉川弘文館、

一九九九年、三〇九-三二八頁）を参照した。

（11）日本アジア協会については、The Asiatic Society of Japan ホームページ「History（http://www.asjapan.org/web.php/about/history、二〇一三年四月二一日取得）」を参照した。

（12）Josiah Conder, "The Art of the Landscape Gardening in Japan", Transaction of the Asiatic Society of Japan, Vol. XIV, Yokohama, R. Meiklejohn & Co., 1886, pp. 119-175. 引用箇所は p. 122.

（13）風景庭園の成立については、Christopher Thacker, *History of Gardens*, Berkeley, University of California Press, 1979, *The Genius of Gardening - the History of Gardens in Britain and Ireland*, London, Weidenfeld and Nicolson, 1994, 川崎寿彦『庭のイングランド―風景の記号学と英国近代史』（名古屋大学出版会、一九八三年）や高山宏『目の中の劇場―アリス狩り』（青土社、一九八五年）などに詳しい。イギリスの風景庭園の誕生を、英国の近代社会史のなかに位置づける説などもある。

（14）ピクチャレスクについては、安西信一『イギリス風景式庭園の美学―〈開かれた庭〉のパラドックス』（東京大学出版会、二〇〇〇年）や、高山宏『庭の綺想学―近代西洋とピクチャレスク美学』（ありな書房、一九九五年）を参照した。ピクチャレスクと連動した風景庭園の成立は、イギリスにおけるアンチ・フランス、アンチ・イタリアを背景に台頭したものとする解釈もある。美的概念の領域を越え、社会現象であったという捉え方を提示している論考などがある。

（15）ウィリアム・チェンバーズ（William Chambers）は、スウェーデン生まれのスコットランド系。東インド会社を通じて中国へ渡り（一七四二年と一七四九年）、一七五五年にイギリスに帰国し建築と作庭を手がけた。チェンバーズについては、岡禎大・土居善岳「ウィリアム・チェンバーズの英国支那庭園に関する研究―『東洋造園術論』とキュー・ガーデンとの関係性（建築歴史・意匠）」（『日本建築学会研究報告　九州支部、三、計画系』（38）五一三-五一六頁、一九九九年）を参照した。

（16）Josiah Conder, *Landscape Gardening in Japan: Supplement to Landscape Gardening in Japan, with collotypes by K. Ogawa*, Tokyo, Kelly & Walsh LTD, 1893, p. 4.

（17）Conder, "The Art of the Landscape Gardening in Japan", 1886, p. 124.

（18）Conder, "The Art of the Landscape Gardening in Japan", 1886, pp. 120-121.

（19）著者の秋里籬島については、白幡洋三郎監修、秋里籬島『都林泉名勝図会（上・下巻）』（講談社一九九九）の「解説」を参照した。

（20）上原敬二『日本式庭園』加島書店、一九六二年。

（21）Conder, "The Art of the Landscape Gardening in Japan", 1886, p. 125.

（22）本多錦吉郎『図解日本庭造伝』林平書店、一八九〇年。

（23）Conder, "The Art of the Landscape Gardening in Japan", 1886, p. 138.

（24）「stones constitute the skeleton of the garden」という部分は、その後、チェンバレンやハーン、そしてモースなど欧米の日本文化論者たちや、庭園研究者たちに引用されていった。

（25）Conder "The Art of the Landscape Gardening in Japan", 1886, pp. 137-140, Conder, *Landscape Gardening in Japan*, 1893, pp. 49-51 西洋庭園のグロットや石の使い方の批判的な例として、コンドルは、パリにある Buttes Chaumont（ビュッテ・ショーモン）などを挙げている。

（26）Conder, "The Art of the Landscape Gardening in Japan", 1886, p. 125.

（27）Conder, *Landscape Gardening in Japan*, 1893, p. 129.

（28）渡辺俊夫「歴史性喪失というアイデンティティ：ジョサイア・コンドルの日本庭園論」稲賀繁美、パトリシア・フィスター編『日本の伝統工芸再考』国際日本文化研究センター、二〇〇五年一〇月、七五‐八三頁。

（29）Conder, "The Art of the Landscape Gardening in Japan", 1886, pp. 126-127.

（30）コンドルの思想性と造形に関する理解のタイム・ラグについては、拙稿でも指摘した。稲賀・フィスター前掲書（註28）、八四‐八七頁。

（31）Conder, *Landscape Gardening in Japan*, 1893, p. 32.

（32）歴史については、Conder, "The Art of the Landscape Gardening in Japan", 1886, pp. 124-125, Conder, *Landscape Gardening in Japan*, 1893, pp. 31-48pp.

（33）佐藤前掲論文（註1）、八八‐八九頁。

(34) 佐藤前掲論文（註1）、九六頁。

(35) 佐藤前掲論文（註1）、九七頁。

(36) コンドルの影響下にあるとして批判の対象として挙げられたのが、Mrs. Basil Taylor, *Japanese Gardens: with twenty-eight pictures in colour by Walter Tyndale*, London, Methuen, 1912, Hubbard, H. V. and Kimball. T., *An Introduction to the Study of Landscape Design*, New York, The Macmillan Company, 1917, Marie Luise Gothein, *Geschichte der Gartenkunst*, Jena, Diederichs, 1913,（*A History of Japanese Garden Art*, London, Tront and New York, J. M. Dent & Sons/E. P. Dutton, 1928）などであった。一方、コンドルの影響を受けなかったとして、C. B. Luffmann, *The Harvest of Japan: A Book of Travel with some account of the trees, gardens, agriculture, peasantry, and rural requirements of Japan*, London, T. C. & E. C. Jack, Ltd., 1920という紀行文などを佐藤は高く評価している。

(37) 針ヶ谷鐘吉「コンドル博士の日本庭園観」『庭園襍記』西ヶ原刊行会、一九三八年、二六－三八頁、引用部分は三四－三五頁。（「コンドル博士の日本庭園観」の初出は日本庭園協会『庭園』第一七号第一巻、一九三五年、七－九頁）

(38) 拙稿「庭園をめぐる「わび」「さび」「幽玄」―一九三〇年代における「幽玄」を中心に」、鈴木貞美・岩井茂樹編『わび・さび・幽玄―日本的なるものへの道程』（水声社、二〇〇六年）では、一九二〇年代後半頃から、庭園研究者たちによる日本庭園の「独自性」の模索が始まるようになったことについてまとめている。

(39) 針ヶ谷前掲論文（註37）、三七－三八頁。

(40) 針ヶ谷鐘吉「巻頭言」『庭園と風景』第十四巻第一〇号、一九三二年一〇月、二九三頁。

(41) 鼓常良『日本芸術様式の研究』章華社、一九三三年。

(42) ダルクール公爵『造園論』（一七七四）の言葉であるが、本稿では、ユルギス・バルトルシャイティス『アベラシオン』（種村季弘・巖谷國士訳、国書刊行会、一九九一年）の中の翻訳を採用した。「シナ人」とは蔑視的な呼称であるが、原典が含むニュアンスにより近い翻訳であると判断した。

第二章　日本の庭と欧米人の眼差し

1　はじめに

本章では、明治期に日本に滞在、あるいは居住した欧米人による日本庭園に関する記述を比較し、日本と西洋との交流史にかれらの眼差しを位置づけてみたい。分析の対象とするのは、西洋への日本の紹介において重要な役割を果たしたエドワード・モース（Edward S. Morse 一八三八－一九二五）とジョン・ラファージ（John La Farge 一八三五－一九一〇）、そしてバジル・ホール・チェンバレン（Basil Hall Chamberlain 一八五〇－一九三五）とラフカディオ・ハーン（Lafcadio Hearn 一八五〇－一九四〇）である。動物学者として知られるモースとアメリカでのジャポニスムの火付け役である画家ラファージ、そして英国の言語学者のチェンバレンと作家ハーン――かれらの注いだ眼差しを文脈とともに読み解き、相違点と共通点を整理したい。庭園史という枠組にとどまらない日本と西洋の文化交流史という観点から、庭の記述の比較分析をしていく。前章でみたとおり、欧米人による日本庭園論としては、イギリス人建築家のジョサイア・コンドル（Josiah Conder 一八五二－一九二〇）が明治一七年（一八八六）に日本アジア協会会報に論文“The Art Of Landscape Gardening in Japan”を発表し、そして明治二六年（一八九三）には著作*Landscape Gardening in Japan*を出版した。コンドルは、江戸時代と明治時代に出版された作庭書を参照し、型と型からの逸脱や、石組がいかに庭の「骨格」として、さらに装飾としても機能しているかを紹介した。コンドルの庭園論は、作庭の理論と実践に関する情報、そして執筆当時に現存していた庭園に関心が向けられており、庭園の思想や京都の寺院庭園についてはほとんど触れられていないという特徴をもつ。こうしたいわばコンドル・パラダイムと、かれらの眼差しとの関連性を考察し、一九世紀末の欧米人たちは日本の庭園にどのような関心を向けていたのかを明らかにしていきたい。

2　モースのみた日本の庭――「観察」に基づく生活文化のなかの庭

モースの日本庭園に対する理解を考察する際のキーワードとなるのは、「観察」という方法であろう。明治一〇年（一八七七）六月に海洋生物（腕足類）の調査のために来日したエドワード・モースは、大森貝塚の発見やダーウィンの「進化論」の紹介、そして東京大学の初代動物学の教授を務めるなど、近代日本の科学研究への貢献者として知られている。モースは、明治一三年（一八八二）までに三回訪日しており、その際に書き溜めた観察日記を基に、*Japanese Homes and their Surroundings*（以下、『日本人のすまい』）を明治一七年（一八八六）に出版した(1)。

『日本人のすまい』は、全一〇章から成り、日本の住居の種類や特徴について、玄関や庭など室内外に関する説明のほか、古代の日本家屋や、近隣諸文化の家屋などを紹介している。第六章では「garden（庭）」をとりあげ、主に一般的な日本家屋の庭について伝えており、なかには、モースが日本滞在中に宿泊した民宿の庭に関する記述なども含まれている。モースの日本の庭に関する記述のなかでまず目をひくのは、アメリカの庭園に対して皮肉をこめた表現をもちいて描写し、批判的な眼差しをにじませる点である。

章の冒頭では、アメリカの庭園には、「フランスの整形式庭園の影響」によって、「バラバラに配置された花壇」や「出来るだけたくさんの種類と量を詰め込もうとする植え込み」などがおかれていると揶揄するような表現が用いられている。さらに、アメリカの多くの庭園には、「型にはまった花壇」や「自然を無視して造られた墓」などが無秩序に配置されていたが、徐々に「配色や色の調和」を考慮する傾向になり、一面に緑色の草が生い茂るよう統一されていったという。(2) 一見、さまざまな色や種類の要素が詰め込まれてバランスが欠如した状態から、「緑色」に統一され、改善したことを伝えているようだが、アメリカの庭園の多くが緑色の草に覆われるように取って代わったのは、まるで「フレスコ画を天井に書こうと苦心したものの上手くはいかず、結局は一面を一色に塗りつぶしてしまうような無知さと無能さの自認である」と、モースは酷評している。(3) モースはアメリカの庭園に対して、全体のバランスを欠いているか、そうでなければ、単に一色で塗りつぶすという、両極端の庭園様式が乱造されているとみなし、批判的な姿勢であったといっていいだろう。

一方、日本の庭について、モースは、もっとも重要な要素として「石」を紹介している。日本の庭では「不規則でグロテスクな形象の石と巨大な岩板は庭の重要な構造をなし、ピクチャレスクで奇妙に象られた石や岩は、アメリカの庭の花々に相当する」と論じている。(4)「グロテスク」や「奇妙な形象」という表現は、後に日本の庭園研究者たちによって批判を受けることになるが、これらの語は、前章で触れたように、一八世紀のイギリスを席巻した「ピクチャレスク」と称される美意識に根ざす語としてモースが選択したと解釈するのが妥当であり、コンドルの日本庭園論の語の用法とも重なり合う。(5) さらに、日本の庭では石や岩が大変好まれる「装飾」としての機能があるため、その「正しい配置」には「徹底した綿密さ」があり、それを記したのが秋里籬島の『築山庭造伝』(一八二九)であると紹介している。

ここで、モースとコンドルとの関係性について簡単に触れておきたい。モースの『日本人のすまい』が出版された明治一七年（一八八六）は、コンドルが論文 "The Art Of Landscape Gardening in Japan" を日本アジア協会の会報誌に発表した年でもある。先述のとおり、『日本人のすまい』は、明治一三年（一八八二）までの滞在記であり、つまり、コンドルの論文が発表される以前であるためか、著書のなかで、モースは、コンドルの論文を参考資料として挙げていない。一方で、明治一七年（一八八六）の日本アジア協会の会合で、コンドルは "The Art Of Landscape Gardening in Japan" を口頭発表した際には、モースは聴衆のひとりであったことがわかっている。これだけでは、モースとコンドルの関係性を特定することはできないが、「石」を重要とみなすこと、秋里の『築山庭造伝』を引用すること、また、「徹底した細密さ」を観察して記録することにとどまり、その背後にあるやもしれない思想性について特に言及しないことなど、コンドルと重なり合う部分も多い。影響関係は特定できなくとも、モースとコンドルは、日本の庭に対する関心とアプローチを共有していたといっていいだろう。秋里を参照している点については、コンドルとの関わりのなかでモースが知ったという可能性のほか、当時、秋里の『築山庭造伝』が作庭書として流通し入手しやすい状況であったという可能性も推測される。

では、モースがさいごに日本の庭園の特徴をどのようにまとめたのか、確認しておきたい。

> The secret in a Japanese garden is that they do not attempt too much. That reserve and sense of propriety which characterize this people in all their decorative and other artistic work are here seen to perfection.(6)

日本の庭の秘訣は、多くを試みすぎないことである。全ての装飾的、さらにほかの芸術的作業にみられる慎み深さと礼儀正しさという日本人独特の気質は、ここで完成の域に達している。

日本の庭に、「日本人独特の気質」という「日本人らしさ」を見出している点が興味深い。日本ではたとえ少しの土地でも、あるいは込み合った街中、また貧しい家でさえも、簡素な庭を作り出すと伝え、そこで、「多くを試みすぎない」ことこそ、日本の庭の「secret（真意、極意）」と述べているが、これは、モースの日々の観察から導いた結論であった。モースは、思想性に還元するのではなく、「慎み深さと礼儀正しさ」という、観察から得られた日本人の特性を、日本の庭に見出したのであった。あくまでも観察に基づき、そこから日本の庭の特徴、そして人々の性質を記述しようという目的と関心が、モースの著書の基軸として通底していたのである。

「観察」という手法を重視するモースの姿勢は、『日本人のすまい』の序章でも示されていた。異文化とそこに生きる人々を、「色のないめがね」で見ることが「民族学」にとって重要であるという主張からは、本書が、家屋とその周辺を取り巻く生活文化を、できるだけ正確に伝達しようとする「民族誌」的な性質を帯びていたことがうかがえる。(7)

生活文化を「観察」するというモースの手法を理解するにあたって、かれが過ごしたニューイングランドにおける知的環境について触れておきたい。(8) それらを要約すれば、モースが本国アメリカで博物学研究者として活動を始めた一九世紀半ばとは、ボストンを中心とした学術的な環境に重要なシフトが起っていた時期であった。そのシフトとは、広範囲に亙る領域を扱いながら人々の生活に根ざした知識の確立を目指す従来の研究方針から、大学機関における技術や科学の専攻の設立に伴う専門性重視への移行を意味する。その過渡期に生きたモースは、科学者としての訓練を受けながらも、同時に専門性に限定されない好奇心に基づく広範な領域を扱い、生活文化の解明を目指した最後の世代に属していた。

かれの日記を基に出版されたもう一つの著作 *Japan Day by Day*（『日本その日その日』[9]）からもわかるように、モースの好奇心は、茶の湯や謡の習得、そして陶器を集めるなど、日本の伝統から日常品の収集まで、ひろく生活文化全般にまで及んでいる。一つの領域に限定されることのない広範な好奇心と科学的な訓練の共存こそが、日本の民家の庭に向かうモースの関心の根底にあったといえるだろう。

3　ラファージの見た日本の庭—「日常性」と「装飾性」

モースは、帰国後、ボストンで日本に関する講演を行っており、かれの一連の講演は、ボストンの知識階級に属する人々に共有されていた漠然とした日本への関心を、実際の来日へと至らせる契機ともなったといわれている。そのなかの一人に画家のジョン・ラファージがいる。ラファージは画家としての創作活動だけでなく、明治三年（一八七〇）には英文による日本美術に関する論考"An Essay on Japanese Art"（以下、「日本美術論」）を執筆し、アメリカにおけるジャポニスムの火付け役といわれている。[10]ラファージは、親友で作家のヘンリー・アダムズ（Henry Adams 一八三八－一九一八）とともに明治一九年（一八八六）の夏から三ヶ月間来日し、モースの紹介を通じて、岡倉天心（一八六二－一九一三）とビゲロー（William S. Bigelow 一八五〇－一九二六）そしてフェノロサ（Ernest F. Fenollosa 一八五三－一九〇三）を案内役として、日本各地を訪れている。[11]この時以来、岡倉とラファージの交流は続き、ラファージが帰国した後の明治三〇年（一八九七）にまとめた日本の滞在記 *An Artist's Letters from Japan*（以下、『画家東遊録』）は岡倉に、そして明治四〇年（一九〇六）に出版された岡倉

のThe Book of Tea（『茶の本』）はラファージに、それぞれ献呈されている。(12)

横浜港に到着したラファージとアダムズは、三ヶ月間の日本滞在中に、東京と日光そして鎌倉と京都、岐阜と蒲原（静岡県）をまわったと記録されている。二人は岡倉らに導かれて寺社見物や古美術の鑑賞と購入、そして能楽鑑賞などを楽しんだようである。『画家東遊録』の「Japanese Architecture」（日本建築）という章で、ラファージは日光で宿泊した「満願寺」の庭について記している。「満願寺」とは、現在の日光の輪王寺のことで、ラファージ一行が宿泊したのは、禅智院という宿坊であったことが近年の研究で報告されている。(13) 輪王寺は、八世紀に勝道上人（七三五－八一七）によって日光が開山された際に建立され、空海（七七四－八三五）が入山したのちに円仁（七九四－八六四）が天台宗に改めた。平成一一年（一九九九）には、世界文化遺産にも登録されている。

日光は、当時の日本を訪れる外国人たちの人気のスポットの一つであった。明治六年（一八七三）に外国人向け宿泊施設「金谷カッテージ・イン」が開業し、『Unbeaten Tracks in Japan（日本奥地紀行）』（一八八〇）の著者イザベラ・バード（Isabella L.Bird 一八三一－一九〇四）もここに宿泊していることを記している。(14) 旅行者だけでなく、駐日の外交官やお雇い外国人達にも、関東の避暑地として人気があったという。明治一八年（一八八五）には上野―宇都宮間、明治二三年（一八九〇）には宇都宮―日光間に鉄道が開かれ、以降、来訪する外国人の増加に伴い、宿泊施設も増えたが、それでも収容しきれず、寺院の宿坊に宿泊することもあったという。ラファージが宿泊したのは、外国人を受け入れるそうした寺院の一つであった。

ラファージは、満願寺の庭の描写を通じて、日本の庭全般へと解釈を押し進め、日本の庭は、「概念を表現する」と論じている。日本の庭に表現される概念として「安逸、高潔、閑静な老境、良縁そして穏やかな寂しさ」が挙げられている。(15) これらの語について、ラファージは「聞いたところによると」とだけ述べており典拠を確定することはできない。しかしこれらの語は、コンドルが *Landscape Gardening in Japan* で提示した「隠逸、長寿、幸福、謙譲、忠誠、安逸、品格と高潔、良縁そして老境」と部分的に重なる語があることから、ラファージの典拠がコンドルであった可能性は高い。コンドルの著作以外の可能性としては、案内役の岡倉やフェノロサそしてビゲロー、または宿泊先の関係者などが考えられるが、いずれも推察の域を超えるものではない。

ここで確認できるのは、コンドルの日本庭園論では簡単に触れられていただけであった庭園に「概念」が表現されているという理解が、旅行記としての性質をもち、芸術・美術の領域にも属する『画家東遊録』に部分的とはいえ、組み込まれた事実である。抽象的な概念が表現されているという日本の庭園に対する解釈が、作庭書や造園関連という専門書の枠を超えて示されたということになる。また、ここには、一九世紀末のボストンという知的環境に根ざしながらも、ラファージの関心の所在が先述のモースと異なることも明示されている。つまりラファージは、モースの関心の外に置かれた庭に概念が表現されているという解釈に言及したのである。

ラファージの日本庭園理解の素地を知る手がかりとして、かれが抱いていた西洋と日本の美術に対する見解に触れておきたい。そもそもラファージが、日本美術への関心を高めたきっかけは、フランス滞在中に見た北斎の浮世絵であったといわれている[16]。その後、フランスのジャポニスム批評家シェノー（Ernest Chesneau 一八三〇－一九〇）の論文を参照し、来日より一六年も前に、「日本美術論」をまとめた[17]。この論考のなかで、ラファージは、漆器や陶器を例に挙げ、日本美術では「芸術と産業が幸せに結ばれている」[18]と評している。日本では、美術と工芸が「未分化」であると表現しているが、この「未分化」な状態こそが美術の理想であるという。装飾が施された美術工芸品が、日本では「accompaniments of everyday life（日常生活の伴）」[19]であると論じ、つまり、工芸という生活文化的な要素と、美術という装飾的な要素が、日本の日常生活では融合した状態にあるとみなしていたのであった。「装飾」と「美術」が生きた「生活文化」において調和している「理想」を、ラファージは日本美術に見出したのである。

こうしたラファージの主張を支えたのは、美術と工芸の分離に芸術性を認める西洋芸術と美学への批判的な姿勢である。ラファージの美術観の形成には、イギリスの社会思想家で芸術批評家でもあったジョン・ラスキン（John Ruskin 一八一九－一九〇〇）の影響があったことが指摘されている。ラファージはメリーランド州の大学在学中に、ラスキンの思想に傾倒していたという。さらにラスキンに加えて、中世ヨーロッパへの関心とラファエル前派への共鳴、そして、やがて、学問体系として成立する以前の美の法則を捉えようとする「神秘主義的美学」がラファージの美術観の支柱となっていった。こうして、自然との融合を軸とするラファージの美術観が形成されていく。さらにウィリアム・モリス（William Morris 一八三四－一九六）を中心とした美術工芸運動に触れ、美術と工芸の未分化を理想とする知見を得たのであった。

ラスキンと神秘主義的美学そしてラファエル前派といった要素を吸収したラファージの美術観に通底するのは、「日常性」と「装飾性」とのバランスに美を見出そうとする眼差しであった。ラファージは、日本を、自然と宗教と芸術そして歴史の「結合」による文明として捉えていた。[20] ラファージは日光に二ヶ月間滞在した後、京都の大徳寺や清水寺そして黒谷山を訪れているが、そこで庭を見たという記述はない。『画家東遊録』に収められたラファージの水彩画やスケッチも、四八点中、日光に関するものが二七点に対して、京都を描写したものはわずか一点である。「装飾性」と「日常性」の融合を日本美術の特質とみなしたラファージが選んだのは、京都の著名な庭園ではなく、生活の一部である宿泊先の庭だった。ラファージは帰国後、ミネソタ州の最高裁判所の壁画制作を依頼され、その題材として日光の庭の情景を選んだという。「The Record of the Predecessors（先達の記録）」

と題されたその壁画には、日常の中の庭に注がれたラファージの眼差しが映しだされているだろう。

同時代のアメリカ東部エリート層に属しながらも、モースが庭の「観察」可能な領域のみを扱ったのに対して、ラファージは「観察」だけでは捉えきれない庭の解釈の領域まで言及した。かれらのアプローチが違うように、モースがボストンの知的環境の主流を占めるアングロ・サクソン系のプロテスタントであったのに対して、ラファージは、フランスの上流階級に属する両親のもと、フランス移民の社会で育ちカトリックであったという出自にも大きな相違をみることができる。モースとラファージは、庭へのアプローチと関心の所在において違いを見せたが、その一方で、二人には着目すべき共通点もある。まず一つに、二人はともに日常生活の一部としての庭を選んだことが挙げられる。モースは民家や民宿を、そしてラファージは日光滞在中の宿泊先であった満願寺を対象として選択した。満願寺の庭が、有名寺院の類としてではなく、滞在中の日常の一部として扱われたことは先述の引用で明らかである。二人は既存の有名な庭園の沿革や紹介ではなく、身近な庭を通じて、日常的な日本の庭の特徴を伝えようと試みたのであった。さらに、モースとラファージによる「装飾性」に対する見解にも興味深い一致をみることができる。

モースは、アメリカの庭については、多くを詰め込みすぎてバランスを崩したと評し、一方で、「多くを試みすぎない」ということが、日本の庭において重要であるとまとめ、「石」のもつ装飾性に着目した。日本の庭に、独自のバランスを保った装飾性と芸術性を見出し、モースは、そこに「慎み深さと礼儀正しさ」という日本人の気質を重ねた。一方、装飾性と日常性の融合を理想とみなしたラファージは、帰国後に日光の宿泊先の庭を理想の情景として作品に描いている。かれらは、日本の庭の装飾性に言及し、そこに独自のバランスが保たれていることを評価した点においても、共通性をみせたといえるだろう。

4　チェンバレンとハーンの日本の庭理解―コンドルとの関係性を通じて

次に、ヨーロッパを出自とするチェンバレンとハーンは、どのような日本庭園理解を示したのか、二人の記述を検討していきたい。

チェンバレンとハーンの生い立ちや経歴、そして日本での体験などについてはすでに多くの先行研究によって明らかにされており、二人の親交の深さと、それ故に理解の食い違いから迎えた訣別は、修復不可能なまでに決定的であったことは知られている。(21) 海軍中尉の息子として英国の名門に生まれたチェンバレンと、ギリシャ人の母とアイルランド系の英国軍軍医との間に生まれ、数奇な運命をたどるハーンの日本に対する理解は対照的であったが、二人の日本の庭に対する解釈はどのようなものであったのだろうか。以下では、先行研究の成果を踏まえながら、チェンバレンの *Things Japanese*（『日本事物誌』一八九〇）とハーンの *Glimpses of Unfamiliar Japan*（『知られぬ日本の面影』一八九四）のなかの日本の庭に関する記述を比較検討していきたい。(22)

チェンバレンの *Things Japanese* は、日本に関する約一四〇の項目を「辞書」形式でアルファベット順にまとめたもので、明治二三年（一八九〇）の初版以降、第六版（一九三九）まで版を重ね、ドイツ語版（一九一二）やフランス語版（一九三一）も発表された。明治期半ばから昭和初期においては、欧米人のための百科事典でもあり、またガイドブックとしての役割を果たすものでもあった。庭については、「garden」という項目が設けられ約二ページ半が割かれており、初版から第六版までほぼ変更が加えられることなく収録されている。

一方、ハーンの *Glimpses of Unfamiliar Japan* は、来日してから一五ヶ月間を過ごした松江について、人々の風習や民話などを綴ったエッセイである。ここに収められた「In a Japanese Garden（日本の庭で）」で、ハーンは松江の自宅の庭について記している。この他にも、ハーンは明治二八年（一八九五）には『*Out of the East*（東の国から）』、翌年には『こころ』を、そして同三七年（一九〇四）の『*Japan - An Attempt at Interpretation*（日本—解釈の試み）』を次々と著し、ハーンによる日本に関する書物は一四冊にも及ぶ。これらの書物は、当時の日本の風俗を伝える貴重な資料としての価値はもちろん、ハーンの感性を映し出す美しい文章も相俟って、英語圏だけでなくドイツやフランスでも日本文化を伝える書としてひろく読まれている。

チェンバレンとハーンはともに、日本アジア協会の会報誌に明治一九年（一八八六）に掲載されたコンドルの論文“The Art Of Landscape Gardening in Japan”を参照したことを明記している。チェンバレンがコンドルを参照したのは、*Things Japanese* が同じ日本アジア協会の会報誌に掲載された論文を基に出版されたこととも関連しているが、ハーンもまたコンドルの論文を参考文献として挙げていることから、コンドルの日本庭園論が、一九世紀末の外国人たちにとって日本庭園を理解するための唯一の拠り所であったといえるだろう。以下では、特に、コンドルの日本庭園論がどのように継承され、あるいは継承されなかったのかという点を軸に、チェンバレンとハーンの記述を比較していきたい。

チェンバレンとハーンによる日本庭園に関する記述のなかで、コンドルの影響を顕著に示している点は、次の三点にまとめることができる。まず、日本の庭は（一）抽象的な観念を表現しており、そして（二）骨格としての石が重要であること、さらに（三）作庭に関する迷信や難解な教えの存在を紹介するという点の三つである。チェンバレンとハーンともにコンドルの影響がみとめられるのだが、いかに解釈したのかについては、興味深いことにそれぞれ独自の方向性を示している。

（1） 日本の庭が何を表現するのかをめぐって

上述のラファージが、日本の庭には「安逸、高潔、閑静な老境、良縁そして穏やかな寂しさ」という考えが表現されていると述べたように、チェンバレンとハーンもまた、日本の庭は抽象的な観念を表していると論じている。典拠を特に明らかにしていなかったラファージに対して、チェンバレンとハーンはコンドルを典拠として挙げているが、二人はそれぞれの方法でコンドルの示した理解に対して独自の解釈を加えている。コンドルの原文とチェンバレンとハーンの表現を比較してみたい。

コンドル

Among the various sentiments which the horticultural artists have professed to express in their works, the following may be enumerated : The Happiness of Retirement, Long Life and Happiness, Modesty, Fidelity, Peace, Gentleness and Chastity, Connubial Felicity and Old age.(23)

園芸家たちが作品で表現すると主張しているセンチメント（情緒）とは、次のように挙げることができる——隠逸、長寿、幸福、謙譲、忠誠、安逸、品格と高潔、良縁そして老境。

チェンバレン

Gardens are supposed to be capable of symbolizing abstract ideas, such as peace, chastity, old age, etc.(24)

庭は、抽象的な概念を表すことができるとされている。その概念とは、安逸や高潔、そして老境などである。

ハーン

They held it possible to express moral lessons in the design of a garden, and abstract ideas, such as Chastity, Faith, Piety, Content, Calm, and Connubial Bliss. Therefore were gardens contrived according to the character of the owner, whether poet, warrior, philosopher, or priest.(25)

庭のデザインに道徳的な教えや抽象的な概念を表現することが可能である。高潔、信仰、敬虔さ、充足、平穏そして神に恵まれた縁などである。従って、庭は、持ち主の性質によって、つまりそれが詩人なのか武士なのか、哲学者なのか、あるいは僧侶なのかによって設計がなされるのである。

コンドルを参照して、庭に抽象的な観念が表現されていると述べつつも、チェンバレンとハーンがそれぞれ原文に変更を加えていることがわかる。それぞれ決して大きな変更を加えているのではないが、チェンバレンとハーンが同じ参考文献に依りながらも、象徴的な読み替えをしていることは興味深い。まず二人に参照されているコンドルは、日本の庭に表現されているものとして、「隠逸、長寿、幸福、謙譲、忠誠、安逸、品格と高潔、良縁そして老境」という道教と儒教の混合を想起させる観念を挙げている。これに対して、チェンバレンは日本の庭が象徴するのは、「安逸と高潔、老境などである」とコンドルの文章を省略して説明しているに過ぎない。一方のハーンは、日本の庭に表現されている抽象的な観念として「高潔、信仰、敬虔さ、充足、平穏や神に恵まれた縁」と述べ、コンドルの用いた道教や儒教を思わせる語を独自に書き換えているのである。道教や儒教的なニュアンスを含む語を、ハーンは「敬虔（piety）」や「天の幸い（bliss）」など、信心深さや神を思わせる語へ、つまり、より日本の民間信仰を表すに近いとも言えるかもしれない語へと、変換している。この箇所を見る限り、チェンバレンとハーンは、コンドルに単なるマイナー・チェンジを加えただけのようであるが、ここには、二人がいかにコンドルの理解を継承し、あるいは発展させたのかが象徴的に現れている。コンドルを出発点として、その枠組みを踏襲するにとどまるチェンバレンと、より日本の文脈に沿った理解、より日本の文化に根ざした理解へと変換していくハーンの違いは、以下でより鮮明になっていく。

（2）石の重要性について

ともにコンドルを軸としながらも、チェンバレンとハーンは日本の庭における石の重要性について、対照的な解釈を示している。コンドルが秋里籬島の『築山庭造伝』（一八二九）から引用した「石は庭の構成の骨格である」という表現は、チェンバレンとハーンに共通して見出せるが、二人の理解は以下のような違いをみせる。

チェンバレン

For those large stones, which according to Japanese ideas, constitute the skeleton of the whole composition.[26]

日本人の考えによれば、大きな石は、全体の構図の骨格をなす。

ハーン

Now stones are valued for their beauty; and large stones selected for their shapes may have an aesthetic worth of hundreds of dollars. And large stones form the skeleton, or framework, in the design of old Japanese gardens.[27]

石はその美しさによって価値が重んじられている。そして形状によって選ばれた大きな石は、数百ドルもの審美的な価値がある。大きな石は、古い日本の庭の設計において骨格、あるいは枠組みをなす。

両者とも、コンドルの「skeleton（骨格）」という語を用いて石が庭園の構造を成すことを説いている。コンドルの引用のみに止まったチェンバレンに対して、ハーンは「beauty（美しさ）」や「aesthetic worth（審美的な価値）」という語を動員して構造の「骨格」という機能に還元しきれない石の価値を示唆し、さらにハーンは、「骨格」という機能に還元しつくせない価値をもつ石を、どのように理解すべきかについて、次のように言及している。

Another fact of prime importance to remember is that, in order to comprehend the beauty of a Japanese garden, It is necessary to understand-or at least to learn to understand-the beauty of stones. Not of stones quarried by the hand of man, but of stones shaped by nature only. Until you can feel, and keenly feel, that stones have character, that stones have tones and values, the whole artistic meaning of a Japanese garden cannot be revealed to you. In the foreigner, however aesthetic he may be, this feeling need to be cultivated by study. It is inborn in the Japanese; the soul of the race comprehends Nature infinitely better than we do, at least in her visible forms.[28]

もう一つ覚えておかなければならない重要なことは、日本の庭の美しさを理解するためには、石の美しさを理解すること―少なくとも理解しようと学ぶこと―が必要である。人の手によって作られた石ではなく、自然と形づくられた石のみである。石が個性をもつことを、石がtone（色調）をもつことをあなたが感じられるまで、しみじみと感じることができるようになるまで、日本の庭全体の芸術的な意味はわからないでしょう。どんなに美意識をもっていたとしても、外国人にとっては、このfeeling（感じ）を身につけるためには、学ぶ必要がある。日本人は、生まれもっているのである。日本人の人種としての魂は、われわれ西洋人よりはるかに自然を理解している。少なくとも目に見える表現形式においては。

石のもつ美しさを「feel（感じる）」ことができて初めて日本の庭の美しさが理解できる、という文章の中で、ハーンは「feel」という語を「feeling」も含めて三回用いており、鑑賞者と石が感覚的に接近してこそ日本の庭の理解が成立すると主張している。また、文中の「tones」という語が、絵画など視覚的な対象に用いる際には「色調」、また音楽など聴覚的な対象には「音色」という意を具えていることに着目したい。「In a Japanese Garden」の後半で、ハーンは自宅の庭で蛙や蝉そして鶯の声や気配に耳を傾ける様子を描き、その音色を「musicians of the garden（庭の演奏者）」と表現しオーケストラにたとえ、庭の「聴覚性」について触れている(29)。つまり視覚性と聴覚性を併せ持つ「tones」に凝縮されたのは、日本の庭は視覚的な対象だけではなく聴覚をも動員し、「感じる」対象であるというハーンの理解ともいえる。

ハーンにとって「tones」という語が重要であることは、*Glimpses of Unfamiliar Japan* の文法上の間違いについて交わしたチェンバレンとの手紙の中でも示唆されている。二人の間にまだ親交があった頃、チェンバレンはハーン宛の手紙で、*Glimpses of Unfamiliar Japan* 中の文法の誤りについて多くの紙面を割いて指摘した[30]。その返信としてハーンはチェンバレンに宛てて、無駄の一切を省いた美しい口調でこう反論する――「あなたの教えに従ってその違いを学び、間違いを避けることを目指しましょう。しかし私はその違いを決して「feel（感じる）」ことはできないでしょう。私にとっては「tone」が全てなのです。言葉そのものは何の意味ももちません」[31]。ここで文法という理論に忠実なチェンバレンと、「tone」や「feel」という語を重視し、感じ得てこそ言葉は意味を持つと主張するハーンの感性が対照的に浮かび上がる。

さらにハーンは上記の引用で、日本人は「inborn（生まれもって）」石を感じることが可能であり、そして「the soul of the race（人種の魂）」によって日本人は西洋人よりも自然を理解していると述べている。ここにある「inborn」や「race」という語は、ラファージのような美術的な語彙ともモースのような民族学的な語彙とも出自を異にする生理学に依拠する用語である。これらの語は、チェンバレンとの訣別のきっかけの一つともなったスペンサー哲学にハーンが傾倒していたことを暗示している。スペンサー哲学とは、社会進化論で知られるイギリス人哲学者のハーバート・スペンサー（Herbert Spencer 一八二〇－一九〇三）によって社会有機体説などを軸に確立された。スペンサーの提唱した説のなかでも、人間の心的現象は観念や感覚の共感を通じて成立すると捉える連合心理学にハーンは影響を受けたといわれている[32]。スペンサー哲学というフィルターを通じたハーンの日本の庭に対する理解は、次にみる庭にまつわる迷信などに関する記述からもうかがうことができる。

（3）　庭にまつわる迷信や言い伝えについて

作庭における迷信について、チェンバレンとハーンがどのように論じ、コンドルとはどのような関係にあったのかをまとめておきたい。まず、チェンバレンとハーンは、近世の作庭書を紹介しながら、庭の石や樹木の配置には陰陽五行説やその他の伝承に基づく迷信や決まりごとがあると論じており、コンドルを踏襲したという点においては共通している。しかし作庭における様々な言い伝えについて、二人はまたもや対照的な理解を示すのであった。

チェンバレンは、日本の庭が神秘的で芸術的な境地に達したのは、一五世紀以降、何世代にもわたって洗練と精巧を重ねた結果であり、それ故に専門外の人間には深遠で難解な用語で語られ理解し難いと論じている。そのため、日本の庭には全てにおいて何らかの理由があり、その理由とは多くの場合は「abstruse（難解）」であると締めくくっている。[33] チェンバレンは、「迷信」の伝承は、質の劣化を防ぐという機能的な役割を果たしていると論じたコンドルをほぼ原意のまま受け継ぎながら、しかしその理由とは詰まるところ理解が難しいという皮肉ともとれるニュアンスを含ませている。

一方のハーンは、地勢学的に特有な形状をもつ日本の庭の石は、見る者の「moods and sensations（気分や感覚）」を触発するが、それは出雲の古代神話が伝わるよりも以前に、石が「the imagination of the race（人種の想像力）」に訴えかけているからであると論じている。つまり、石にまつわる言い伝えや迷信は、既に人種に組み込まれた記憶によって伝承されるという。[34] 生まれるより以前から、すでに石の記憶は日本人に刻み込まれているという一文には、感情や思考は現在において形成されるのではなく、過去の集積から遺伝された本能に基づくという、ハーンが常々唱えていた記憶に対する理解が集約されている。かれはそれを「遺伝的記憶」、「複合的記憶」、「集合的無意識」と称したが、これらの語はスペンサーの「有機的記憶」に由来するものであった。これまでの研究でも指摘されているように、人間の本能は過去によって形成されるというハーンの理解は、生物学的な血統をもって「過去」としたスペンサー哲学に加えて、さらに仏教思想的な輪廻転生でいう「前世」との折衷に成立していた。ハーンの中で、スペンサーと仏教が矛盾なく共存していたことは、スペンサーの*First Principles*（『第一原理』一八六二）を評して「スペンサーがその巻を書いていた時には研究していなかったと思われる東洋の深遠な哲学に著しく類似している」と述べたことからもうかがえる。(35) ここで明らかになるのは、庭に注がれたハーンの眼差しがスペンサー哲学や仏教的な世界観に依拠していたということである。チェンバレンに宛てた膨大な手紙の多くで、ハーンはスペンサーを参照しながら、人間にとって、論理的な思考よりも「feeling（感情）」や「emotion（情感）」こそが、「reasoning faculties（推察力）」よりも重要な役割を果たすと述べている。こうしたハーンの感情や情感を重視し、五感のすべてを総動員する心性を重要とみなす考え方は、先述した庭の音への言及においても表されていた。

迷信や難解な教えの機能を提示したコンドルと、それをほぼ忠実に受け継いだチェンバレン、そして日本特有の自然によってすでに人種として刻み込まれた想像力へと推論したハーン。コンドルを軸とするならば、そこに立脚し、時には部分的な引用にとどまり、ある時にはほぼ原型を継承するチェンバレンに対して、ハーンは同一の軸から出発しながらも、スペンサーを補助線とすることにより、さらにコンドルの開き得なかった地平へと挑んでいるようにみえてくる。

さらにハーンは、庭の芸術的な目的とは真の風景の魅力を忠実に模すこと、そして本物の風景が訴えかける印象を伝達することであり、その点で庭は絵画よりも詩に近いと論じている。自然の風景が、悦びと厳粛さ、そして畏怖と優しさ、また力と安らぎといった感覚に響き、見る人を感動させるように、作庭家は単なる美しさの印象だけでなく「a mood in the soul（魂の状態）」を真に反映させなければならないと結んでいる。(36) ここには、作り手と見る側の相互が関係性を築き、魂が響きあうこと、共感することが庭への理解を成立させるというハーンの解釈が示されている。ハーンはスペンサー哲学に立脚し、相互が通じ合う営為としての「伝達」を、日本の庭だけでなく日本文化を理解するための基軸とみなしていたともいえるだろう。

「感情」や「伝達」そして「共感」を重要な概念とみなすハーンの日本の庭に対する理解は、どのように受け止められたのだろうか。ハーンやチェンバレンと同時代に日本に滞在し、二人と交流のあったアーネスト・フェノロサは、その印象を記している。フェノロサの残した文書のなかに、ハーンの「日本の庭で」についての走り書きがある。「On Lafcadio Hearn（ハーンについて）」と題されたメモには、「一八九四年」という日付があり、次のように記されていた。

> Volume One of the “Glimpses” deals with largely with descriptions of places: Two more specially with customs and beliefs. Its opening essay “In a Japanese Garden” is one of the most exquisite and characteristic. Here, like the Japanese soul, he comes very close to the heart of nature.(37)

> 『知られぬ日本の面影』の第一巻は、場所の記述に多くを割いている。第二巻では、特に習慣や信仰が扱われている。冒頭の「日本の庭で」というエッセイは、この上なく美しく独特である。ここでハーンは、まるで日本人の魂のように、自然の本質に限りなく近づいている。

フェノロサはハーンの「日本の庭で」の印象を、「この上なく美しく独特」と表現し、そこに描写された松江の庭のみならず、ハーンの文章やアプローチを讃えているといっていいだろう。さらにハーンの日本に対する理解、そして自然に対する理解について、「日本人の魂のように自然の本質に限りなく近づいている」と述べ、フェノロサは、ハーンの日本との関わり合いの深さを認めている。ハーンは晩年、特に西洋人との交際を嫌ったが、フェノロサはそのハーンが心を許した数少ない友人のひとりでもあり、ハーンにとって掛け替えのない理解者であったといえる。(38)

周知のとおり、フェノロサは岡倉天心と並んで、欧米における日本美術理解の素地を形成した中心的人物である。フェノロサもまた、一九世紀末のボストンでスペンサー哲学に傾倒し、東京大学でスペンサー哲学を教授したことから、かれがハーンの「日本の庭で」から「伝達」や「共感」という鍵概念を読み取ったとも考えられる。この点についてては推察を進める代わりに、フェノロサが同メモに、チェンバレンを「嘲笑」の人と、そしてハーンを「共感」の人（Contrast with Chamberlain-in tone. Sympathy versus ridicule-）と書き記していることだけ触れておきたい。

5　おわりに

一九世紀半ばのニューイングランドという学術環境に立脚し、日々の生活の観察から日本の庭を記録したモース。『日本人のすまい』は、日本の生活文化への関心に基づき日常を観察し伝達した「民族誌」であった。一方、ラファージの日本の庭に関する記述は、かれの日本美術に対する理解、つまり「日常性」と「装飾性」の融合と重なり合うものであった。ラファージにとっては、これらの要素こそが西洋美術を超克するために必要であり、そうした要素を日本の庭に見出したといえるだろう。モースとラファージは、関心の所在とアプローチで相違点を見せながらも、その一方で、二人は日常の延長線上の庭を対象とし、装飾を肯定的に捉えるという共通点も見せたのであった。

チェンバレンとハーンは、ともにコンドルを参照しながらも、かれらの日本の庭への理解は対照的ともいえるものであった。コンドルの提示した枠組みを超えることなく、その枠を用いることにとどまり、時には文章に皮肉を滲ませたチェンバレンに対して、ハーンはスペンサー哲学を支柱に、コンドルが到達し得なかった日本庭園理解の境地を切り開いた。仏教思想とスペンサーの融合を軸としたハーンにとって、「感覚」が重要であり、「共感」することこそが、日本の庭の、そして日本の文化の特徴を理解することを意味していた。

しかし、対照的な理解を示したチェンバレンとハーンには、見逃せない共通点もある。それは、ふたりが日常の一部としての庭を記述の対象としていた点である。チェンバレンは記述の対象を特定していないが、上述の分析から、民家の庭が想定されていたことがわかる。また、ハーンが記述の対象としていたのは、松江の自宅の庭であった。アプローチや関心の所在、そして庭への理解がそれぞれ異なりながらも、本章で扱ったモースとラファージそしてチェンバレンとハーンは、いずれも日常生活のなかの庭を関心の対象としたことは共通していたのである。

先に触れたフランスのジャポニスム批評家のシェノーは、明治二年（一八七八）にパリで開催された万国博覧会に設営された日本の庭について次のように評している。「まず何よりも用に直結する実用性。しかし有用な形態には、あたかも直観によるかのように、巧みで軽妙な、奇想に富んで陽気な創造力の装いが自由に加えられている」(39)。トロカデロ会場に建てられたのは、約千坪の敷地を築地と竹垣で囲った日本の農家とその庭であった。表門が建てられた敷地内には、陶製噴水器が置かれた小池や水田、さらに盆栽などを展示した植物園が配置されていた。シェノーの眼差しの先にあったのは、茶室や寺院庭園ではなく、生活文化を伝えるべく展示された農家の庭であったのだ。すると、パリのシェノーの視線と本章で扱ったモースとラファージそしてチェンバレンとハーンの視線が、「日常の庭」に注がれていた点で重なってくる。本章でとりあげた明治期に日本を体験した欧米人たちの眼差しは、主に日常的な民家の庭に向けられていた。モースらが示した庭への関心や理解は、その後、日本と西洋で量産されるようになる「名園」志向の記述とどのような継承や断絶をみせるのだろうか。次章以降では、日本の庭の鑑賞史がどのように形成されていくのか、何が受け継がれ、何をきっかけに変化が生じるのかについて考察していきたい。

※本文中の日本語訳は、特に断りがない限り筆者による。

註

（1）Edward S. Morse, *Japanese Homes and Their Surroundings*, (Boston, Ticknor and Company, 1886)。日本では、斎藤正二と藤本周一の共訳による『日本人のすまい（上・下巻）』（八坂書房、一九七九年）と上田篤、加藤晃規、柳美代子の翻訳による『日本のすまい—うちとそと』（加島出版会、一九八一年）がある。
（2）Morse, 1886, pp. 273-274.
（3）Morse, 1886, p. 274.
（4）Morse, 1886, pp. 275-276.
（5）ジョサイア・コンドルの日本庭園論の背景としての「ピクチャレスク」については、第一章で論じた。
（6）Morse, 1886, p. 274.
（7）Morse, 1886, pp. 28-33.

（8）アメリカ本国におけるモースの活動に関しては、園田英弘『西洋化の構造—黒船・武士・国家』（思文閣出版、一九九三年）、中西道子著、エドワード・モース原画『モースのスケッチブック（新異国叢書第三輯）』（雄松堂出版、二〇〇二年）などを参照した。

（9）Edward S. Morse, *Japan Day and Day* 1877,1878-79,1882-83, Vol 1-3', Boston and New York, Houghton Mifflin-Company, 1917.

（10）John La Farge, 'An Essay on Japanese Art', ed. Raphael Pumpelly, *Across America and Asia*, New York, Leyoldt and Holt, 1870, pp.195-203, その他、ラファージについては井戸桂子「明治十九年、アメリカからの来訪者—アダムズとラファージの相反する日本理解」平川祐弘編『異文化を生きた人々』（中央公論社、一九九三年）を参照した。

（11）ラファージとアダムズ、そして岡倉とフェノロサ、ビゲローらの日本旅行については、井戸前掲書（註10）、村形明子「ヘンリー・アダムズの東遊—骨董と涅槃を求めて」『アーネスト・F・フェノロサ文書集成—翻刻・翻訳と研究』（京都大学出版会、二〇〇〇年、二一一—二二七頁）、高田美一「フェノロサとパウンドの奇縁—パウンドのアダムズ・キャントウズを介して」『跡見学園女子大学紀要　第一九号』（一九八六年、一〇五—一一五頁）を参照した。

（12）John La Farge, *An Artist's Letters from Japan*, New York, The Century,1897.

（13）井戸前掲書（註10）二二〇頁。

（14）日光と外国人来訪者の歴史については、金谷ホテルホームページ（http://www.kanayahotel.co.jp/）、二〇一三年五月一〇日取得、高井孝美『日光市に期待される国際化』（http://gyosei.mine.utsunomiya-u.ac.jp/insei/041102takai.htm）、二〇一三年五月一〇日取得、岡田譲ほか著、葛西宗誠ほか撮影『日光—その美術と歴史』（淡交新社、一九六一年）、菅原信海『日本人の神と仏—日光山の信仰と歴史』（法藏館、二〇〇一年）などを参照した。金谷ホテルホームページによると、ヘボン式ローマ字の創始者で明治学院の創立者として知られるジェームズ・カーティス・ヘボン（James Curtis Hepburn 1815-1911）のすすめによって、日光東照宮の楽士であった金谷善一郎（生没年不詳）が、明治六年（一八七三）に自宅を外国人向けの宿泊施設「金谷・カッテージイン」として開業したという。アーネスト・サトウが好んで宿泊していたことや、昭和になってからも、ヘレン・ケラーなど外国からの要人が宿泊したことが紹介されている。

（15）La Farge 1897, p. 126

（16）井戸前掲書（註10）、ジョン・ラファージ著、久富貢、桑原住雄訳『画家東遊録』（中央公論美術出版、一九八一年）などを参照した。

（17）井戸前掲書（註10）。

（18）La Farge, 1870, p. 196.

（19）La Farge, 1870, p. 196.

（20）La Farge,1870, p. 160.

（21）ハーンとチェンバレンについては、田部隆次『小泉八雲―ラフカディオ・ハーン』（北星堂書店、一九五〇年）や平川祐弘『破られた友情―ハーンとチェンバレンの日本理解』（新潮社、一九八七年）などを参照した。

（22）B.H. Chamberlain, *Things Japanese: Being Notes on Various Subjects connected with Japan.*, New York and London, Kelly & Walsh, LTD., 1890, Lafcadio Hearn, In a Japanese Garden, *Glimpses of Unfamiliar Japan.*,Boston and New York, Houghton, Mifflin, 1894.

（23）Josiah Conder, *Landscape Gardening in Japan: Supplement to Landscape Gardening in Japan, with collotypes by K. Ogawa*, Tokyo, Ke1ly & Walsh LTD, 1893, pp. 126-127.

（24）Chamberlain, 1890, p. 130.

（25）Hearn, 1894, p. 11.

（26）Chamberlain, 1890, p. 9.

（27）Hearn, 1894, p. 9.

（28）Hearn, 1894, pp. 6-7.

（29）Hearn, 1894, pp. 35-48.

（30）Chamberlain, Compiled by Kazuo Koizumi, *Letters from Basil Hall Chamberlain to Lafcadio Hearn*, Tokyo, Hokuseido press, 1936 p. 127.

（31）L. Hearn and B.H.Chamberlain, *Letters to and from B.H. Chamberlain*, Tokyo, Yushodo, 1974. p. 336.

（32）ハーンがスペンサー哲学に傾倒していたことについては、R.Tanabe, T.Ochiai, and I.Nishizaki ed. *On Poets by Lafcadio Hearn*, Tokyo, Hokuseido press, 1941, 平川前掲書（註21）、牧野陽子『ラフカディオハーン―異文化体験の果てに』（中央公論社、一九九二年）など既に多くの先行研究で明らかにされている。

（33）Chamberlain, 1890, pp. 129-130.

（34）Hearn, 1894, pp. 8-9.

（35）Tanabe, Ochiai and Nishizaki, 1941, p. 198.（註32）

（36）Hearn, 1894, p. 10.（註11）

（37）村形明子『アーネスト・F・フェノロサ資料―ハーヴァード大学ホートンライブラリー蔵』第三巻、ミュージアム出版、一九八七年、一〇三頁。

（38）フェノロサとハーンの交流については、村形前掲書（註37）、山口静一『フェノロサ―日本文化の宣揚に捧げた一生』（三省堂、一九八二年）、平川前掲書（註21）、牧野前掲書（註32）などを参照した。

（39）原典はErnest Chesneau, *Le Japon a Paris*, Gazette des Beaux-Arts, (n.p.: September, 1878) pp. 385-397 日本語訳は、大島清次『ジャポニスム―印象派と浮世絵の周辺』（美術公論社、一九八〇年）、一一九―一二〇頁より引用した。

第三章　欧米における日本庭園像の形成と原田治郎の *The Gardens of Japan*

1　はじめに

本章では、西洋における「日本庭園」のイメージの形成を捉える上で重要と思われる原田治郎という人物を紹介する。昭和三年（一九二八）に出版された原田治郎の *The Gardens of Japan* は、日本人によって英語で著され、さらに欧米で出版された日本庭園論としては最もはやい単行本の一つである(1)。英語による初めての体系的な日本庭園論は、イギリス人建築家のジョサイア・コンドルによる *Landscape Gardening in Japan*（一八九三）であり、原田の著作は、コンドルと並んで、近年においてもなお、欧米における日本庭園論の基礎的文献として位置づけられ続けている。

コンドル以降、欧米人による日本庭園に関する論考が徐々に発表されるようになっていったが、コンドルに対する評価や欧米での日本庭園に対する関心の高まりについて、日本国内でさまざまな反応がわき起こるようになったのは、やや遅れて一九二〇年代後半になってからであった。一九三〇年代に入ると、今度は、日本人が自分たち自身の手によって英語の日本庭園論を次々と出版するようになっていった。原田の庭園論は、欧米からの眼差しに対する自覚が、国内で共有され始めた時期に出版されたものであった。日本人研究者たちが、英語による日本庭園論を相次いで発信するなかにおいても、原田の *The Gardens of Japan* は、突出した頻度で、欧米人著者による日本庭園論に参照されている。

その理由の一つには、日本人研究者たちの英語による日本庭園論の多くは、日本国内での出版であったのに対して、原田の *The Gardens of Japan* は、イギリスの美術雑誌 *The Studio* の発行元である The Studio 社からロンドンで出版されたことが考えられる。*The Studio* は、一八九〇年代のドイツで予約購買者が二万人以上いたとされ、イギリスだけでなく、世紀末から二〇世紀初頭のヨーロッパの国々の芸術家たちや美術愛好家たちの間で流通していた雑誌であった。(2)

また、これまで日本国内では、庭園研究者たちから原田の業績が顧みられることはほとんどなく、かれに関する資料は断片的でなおかつ散在しておりいまだに不明な点も多い。欧米と日本における原田に対する評価には、ある種の隔たりがあるといわざるを得ない。

そこで本章では、原田治郎の庭園論を考察し、英語圏における日本庭園像の形成過程で、原田の著作がいかなる役割を果たしたのかについて明らかにしていきたい。また、これまで収集し得たかぎりの情報に基づき経歴をまとめ、原田の庭園論の背景を再構築することを試みる。原田の *The Gardens of Japan* は、欧米と日本とで対照的な反応を引きおこしたが、これらの反応の文脈について検討を加えることは、これまで庭園史に描かれることのなかった西洋と日本の関係の空白を埋めることにつながるだろう。葛藤や矛盾をはらみつつ欧米と日本のあいだを行き来した日本庭園論は、どのような日本庭園像の生成を促すこととなるのだろうか。

なお、本章では gardens of Japan に対応する語として「日本庭園」という語を用い、寺院の庭園や個人宅の庭園を含む日本にある庭園を指すこととする。

2　原田治郎の略歴

原田治郎は、明治一一年（一八七八）一二月二日に山口県大島郡に生まれ、一五歳で単身渡米する。その後間もなくして、列車事故に巻き込まれ左足と右手の指を失うという生涯の傷を負うも、現地の高校を卒業しカリフォルニア州立大学へ進学した。明治三七年（一九〇四）の米国セントルイス博覧会の運営に携わり、日本には翌年に帰国している。帰国後の明治四二年（一九〇九）に、名古屋工業高等学校（後に名古屋第八高等学校、現名古屋大学）で英語講師として指導にあたった(3)。

翌年には、日英博覧会の特使として渡英している(4)。この渡英の頃から、原田はイギリスの美術雑誌*The Studio*に関わるようになった。明治二六年（一八九三）に創刊された*The Studio*は、*Studio International*（一九六四年六月）と改名した後、昭和六三年（一九八八）までの約一〇〇年にわたって発行された。拠点としたイギリスだけでなく、ヨーロッパの国々やアメリカなどで広く認知された美術雑誌であった。イギリス国内における美術の近況にとどまらず、欧州全般の美術の動向について写真を交えながら報告している。

図4　原田治郎

*The Studio*には、原田が記事を寄稿するようになる

以前の明治三五年（一九〇二）に、岡倉天心（一八六二－一九一三）による日本美術の記事が掲載されている。[5]周知のとおり、岡倉はフェノロサ（Ernest F. Fenollosa 一八五三－一九〇八）らとともに、国内における日本美術の保護と普及だけでなく、西洋における日本美術理解の素地形成に中心的な役割を果たした人物である。原田の記事が初めて *The Studio* に掲載されたのは、岡倉による記事が掲載されてから八年後の明治四三年（一九一〇）であった。

The Studio に初めて掲載された原田の記事は、川合玉堂（一八七三－一九五七）をはじめとする日本画の作家と作品を紹介するものであった。その記事は Japanese Art and Artists of Today と題され、原田は絵画のほかに、「彫刻」や「陶器」など計五回に分けて連載し、日本美術を紹介している。[6]これらの記事に共通しているのは、まるで展覧会のカタログのように、解釈や批評を挟むことなく作品・作家の紹介をするという原田のスタンスである。その後も、*The Studio* 誌の世界各国における美術の近況を報告するコラムに、原田は日本在住の特派員として執筆を続けた。そのほか、日本に関するものは、特集記事を含めてほとんどの執筆を原田が担っており、扱ったテーマは絵画や彫刻などに加えて建築や盆景など多岐に亘っている。しかし昭和一五年（一九四〇）以降になると、日本に関する記事そのものが減少し、日本が扱われる場合にも、原田以外のイギリス人記者によって書かれるようになっていった。原田の執筆による最後の記事は、昭和三一年（一九五六）年に掲載された盆栽に関するものであった。[7]

原田が初めて庭園について論じた記事が現れるのは、大正一二年（一九二三）である。The Japanese Garden と題されたその記事は、*The Studio* 誌が初めて日本庭園について扱ったものであった。[8]ここで原田は日本人の自然観を論じた上で、枯山水や書院造りの庭園、そして茶庭などの様式を紹介しているが、総じて具体例についての詳述はない。掲載された写真は、原田本人の自宅を含む個人が所有する住宅の庭園を撮影したものである。これ以降、庭園に関しては、京都の青蓮院[9]、そして東京の渋沢邸の庭園[10]と浜離宮恩賜庭園[11]についてそれぞれの記事が掲載されている。いずれも写真を含み、沿革を簡潔に説明するというカタログ風の記述がなされている。それまで断片的に *The Studio* 誌に寄稿してきた記事をまとめて、昭和三年（一九二八）に *The Gardens of Japan* が出版された。

The Studio に関わり始めた明治四三年（一九一〇）には、原田は、京都商品陳列所による来訪外国人のための案内書 *The Official Catalogue* の執筆の一部を担当している[12]。本書では庭園に触れているのは三頁に過ぎないが、その限られた紙面には、京都の庭園に及ぼした禅の影響についての記述がある。この点については原田の庭園論の内容を分析する際に再び触れるが、禅が庭園に及ぼした影響を英語で論じたものとしては、もっとも早いものの一つと考えられる。わずか三頁の日本庭園論だったにもかかわらず、大正元年（一九一二）に出版されたMrs. Basil Taylor（生没年不詳）の *Japanese Gardens* には、庭園と禅に関する知識は、*The Official Catalogue* に依拠したと記されている[13]。一九一〇年代には、日本庭園に関する英語での基礎文献もコンドルによるものなどに限られており、原田が執筆したと思われる箇所は、貴重な情報元であったと推察できる。

原田はその後、大正三年（一九一四）には従六位に叙され、二年後には、勲六位瑞宝章を授与された。そして昭和元年（一九二六）から、「英文列品目録及解説編集事務並通訳嘱託」として東京帝室博物館に採用されている。国際化に伴う諸制度が整いつつあった帝室博物館で、原田は欧文の解説札の作成など、主に海外に関連する実務を担当していく[14]。

帝室博物館に勤務中の昭和一〇年（一九三五）に、アメリカのオレゴン州立大学で日本美術について二学期（六ヶ月）にわたる講義を依頼された。オレゴン州立大学のパーカー総長が、「日本の碩学を招聘して日本のことを学生に聴かせたい」と願い、「どうしても招聘したいと言った人が原田」であったという。[15] 欧米において、原田治郎が認知されていたことを示唆するエピソードといえるだろう。オレゴン州立大学の日本美術講座は盛況であり、学内外からの聴講希望者が予定人数を大幅に上回ったので、大学側は講堂を使って対処したほどであった。[16] 大学での講義期間を終えた後も、米国各地の大学や博物館で日本美術について講義し、毎回大勢の聴衆が集まったという。オレゴン州立大学は、その翌年に「満場一致」で原田に名誉博士号を授与しており、アメリカで原田の功績が評価され、歓迎されたことがうかがえる。[17] のちに原田は、この一連の講演記録に加筆修正し、*A Glimpse of Japan*（一九三七）という庭園を含む日本美術論を出版した。

第二次世界大戦中は、日本の歴史・文化遺産をアメリカ軍の空爆から守ったことで知られる美術研究家ウォーナー（Langdon Warner 一八八一－一九五五）や、イギリス留学から帰国し、通商産業省（現経済産業省）の設立に中心的な役割を果たした白洲次郎（一九〇二－八五）などと親しく交流していたという。戦後間もなく、原田は進駐軍のバス・ツアーの案内を引き受け大宮の盆栽村を訪れるなど、日米交流の実践者であった。[18] そうした戦後の活動のなかでも特に目を引くのは、博物館における実務レベルでの渉外である。昭和二六年（一九五一）に開催されたサンフランシスコの日本古美術展での活躍は、その一例といえる。[19]

サンフランシスコ市のデ・ヤング記念美術館で昭和二六年（一九五一）九月六日から同年一〇月七日まで講和記念として開催された「日本古美術展」は、戦後最初の海外展であった。昭和二五年（一九五〇）一月に、アメリカ大使館の参事官から当時の吉田茂首相に依頼があったが、社会情勢に鑑み、日本政府は断りの意向を示した。しかし翌年七月にサンフランシスコ市のデ・ヤング記念美術館館長ウォルター・ハイル（生没年不詳）は、それ以前に渉外担当として面識のあった原田に、展覧会の開催を直接要請した。交渉は、ハイルと「原田事務官の個人折衝」で進められ、最終的に、展覧会を開催することが実現する[20]。展覧会は、わずか一ヶ月という「これまでにない短時日で事務が処理」されたが、連日大盛況となり、「この間英語に堪能な原田事務次官や金子技官（国立博物館技官金子重隆、筆者註）は、ほとんど連日講演や解説に忙殺された」という[21]。この「日本古美術展」は、原田の尽力によって実現したといっても過言ではない。

この頃、原田は文化財保護委員や正倉院審議会委員、そして日本庭園協会の評議員を務め、さらに国内で開かれる海外展の際には皇族の通訳に従事するなどしている（図5）。こうした経歴からみて、戦後の日本美術界で、西洋との交流に大きく貢献した人物であったといえるだろう。昭和三八年（一九六三）七月二五日に没するが、その後、正五位に叙せられ、勲五等瑞宝章を授与されている。

図5　昭和33年（1958）のペルシア美術展（東京国立博物館）で皇太子明仁親王（当時）の通訳を務める原田治郎（前列右から２番目）

3　原田治郎の日本庭園論

欧米ではコンドルと並んで影響力をもったことから、適宜、コンドルの日本庭園論との比較をしながら、原田の庭園論の特徴を分析し、欧米人の日本庭園観の形成にどのような役割を果たしたのかを明らかにしたい。日本庭園に注がれた眼差しの歴史において、原田の*The Gardens of Japan*の担った意義とは何だったのだろうか。また、略歴からもわかるように、セントルイス博覧会や日英博覧会、そして *The Official Catalogue* や *The Studio* 誌上の執筆など、原田はアメリカで学んだ英語を活用し、欧米諸国に日本の美術を紹介するという役割を担っていた。オレゴン州立大学から招聘され名誉博士号を授与された一方で、日本国内では、近年に至るまで原田に関する研究がほとんどなされていないということは実に対照的である。そこで、原田の日本庭園論が、庭園研究のなかでどのように位置づけられたのか、欧米と国内における評価のギャップについても、その文脈とともに検討をくわえていく。

（1）原田治郎の庭園論の特徴

The Gardens of Japan は、文章と写真の二部構成であるが、文章は全一八〇頁中四〇頁のみで、残りの大部分は庭園の写真で占められている。本文は、日本人の自然観について論じた「Introduction（序）」と日本庭園の通史に関する「History（歴史）」、そして実際の庭作りの実践的な情報を伝える「Different Styles of Nippon Gardens（様式の種類）」と「Gardens Parts and Accessories（庭の部品と付属品）」、さらにそれらを総括した「Conclusion（結論）」の全五章から成る。

このうち、「様式の種類」と「庭の部品と付属品」は、内容も挿図も、秋里籬島『築山庭造伝』と『石組園生八重垣伝』を基にしていることがわかる。築山と平庭の二種類に、それぞれ「真・行・草」の様式があると論じ、計六つの様式を、基本的な型として紹介している。これは、秋里とコンドルにも共通していることだが、一つ異なるのは、秋里らが茶庭のもっとも格式の高い型として「定式茶庭之全図」を含めて、七つの型を基本形としたのに対して、原田は、茶庭の型を含んでいない。これは、原田が茶庭を重要視していないということではなく、むしろその逆で、茶庭を、基本の型からは独立した一つの様式としてみなしているためであった。後述するように、原田は、茶の湯の影響を、日本庭園史の転換の契機と論じている。築山と平庭の「真行草」については、コンドルと同様に、秋里の『築山庭造伝』の挿図を基にした図を用いながら、作庭の基本として紹介している。その中で、基本の型は存在するが、実際に作られた庭を築山か平庭の真行草のいずれかと区分することは不可能であり、それぞれの様式の要素は重なり合っていると明記している。[22] こうした原田の見解は、理論上の規則が現実には厳守されるわけではないと論じたコンドルの認識と重なり合う。

石の重要性についても、「the stones constitute the skeleton of the garden（石は庭の骨格をなす）」[23]と表現しており、石への理解に関して、秋里とコンドルの系譜に位置づけられる。原田は、石組が日本庭園において、非常に重要な役割を担っていると強調し、龍安寺や大徳寺大仙院など京都にある禅宗（臨済宗）の庭園を挙げ、石の形や置き方などについて詳述している。本著の後半部分には、本論で触れられた庭園の写真も収録されているが、その多くはいわゆる「名園」として知られる京都の寺院庭園であることが、コンドルの著作とのもっとも顕著な相違点である。

次に、原田治郎の日本庭園史観はどのようなものであったのか、簡単にまとめてみたい。原田は、日本史を七つに区切り、庭園の様式と特徴の変遷を紹介している。七つに区分された時代は次のとおりである。「To Nara Period 781AD（奈良時代まで）」、「Heian Period 782-1185（平安時代）」、「Kamakura Period 1186-1335（鎌倉時代）」、「Nambokucho Perid 1336-1393: Muromachi Period 1394-1573（南北朝時代・室町時代）」、「Momoyama Period 1574-1602（桃山時代）」、「Edo Period 1603-1867（江戸時代）」、「Since the Restoration of 1868（明治維新以降）」。日本史に沿った庭園の通史を最初に著したのは、横井時冬（一八五九－一九〇六）の『園芸考』（一八八九）であった。[24] その後は、コンドルも*Landscape Gardening in Japan*で歴史の章をもうけ、時代ごとの庭園様式の特徴をまとめており、横井以降、日本史に沿って様式の変遷をまとめるという歴史叙述の手法を原田も採用したものといえる。しかし、原田の庭園史認識は、横井やコンドルと大きな違いをみせる。

原田の庭園史を簡単にまとめておきたい。日本の庭園の起源は中国か韓国から伝わったものであるが、不明な点も多いと記すにとどめ、もっとも古い記録としてさかのぼれる史料は、文学作品であると紹介している。史料が限られていると断わった上で、日本では、橋をかけて連なる島々と湖によって構成される大規模な庭が五世紀頃に出現し、中国から伝わったと考えられる「曲水の宴」が、顕宗天皇の時代に催されたとある。「曲水の宴」は平安時代に発達したことで知られるが、『日本書紀』には、顕宗元年（四八五）に「曲水の宴」が行われたとの記述があることから、原田がこれを基に執筆したと推測できる。次に、奈良時代になると、池や中島を配した庭園が作られ、他の芸術とともに発展を遂げたという。平安時代に都が京都に移ると、庭には池や滝が作られ、岩や花そして植物が並ぶようになり、その様子を「extravagant（豪奢な）」という語で表現している。[25]

鎌倉時代の項目では、禅の導入が、「the elegance and refinement of simplicity（簡素さにおける優雅さと洗練）」に価値をおくことを日本に教えたとして、その重要性を強調している。[26] 先述の「奈良時代まで」と「平安時代」の項目では、庭園と宗教との関わり、また、美意識と宗教との関わりについては論じられておらず、鎌倉時代になって初めて、宗教と結びついた美意識が日本に生まれた、という原田の歴史認識がここに示されている。原田はさらに、宗教と美意識の関わりは、室町時代になるとさらに発展し、すべての芸術の分野に影響を及ぼしたと論じている。「簡素さにおける優雅さと洗練」という禅の影響をうけた美意識が、室町時代に茶の湯や香道、能や山水画というあらゆる芸術領域の発展を支えたことは、庭園史における重要な画期であったと原田はみなしていた。

Hitherto the gardens were so constructed as to be admired primarily from without but now they came to be so laid out as to be enjoyed from within as well, thus opening a new era in their development.(27)

それまで主に外から鑑賞するべく作庭されていた庭園は、ここで屋内からも享受するように配列されるようになり、庭園の発展において新しい時代を切り開くこととなった。

室町時代に、屋内から鑑賞される視点が誕生したこと、それが、庭園史における「新しい時代のはじまり」であったと表されている。鑑賞地点が移動したことをまるで補完するかのように、巻末には、室町時代に作庭された寺院の庭園写真が収録されており、そのほとんどが屋内から撮影されたものである。これより以前、*The Studio*に掲載されたThe Japanese Gardenという記事の中でも、原田は日本の庭は、野外よりも屋内からの鑑賞に適しているという見解を示していた(28)。しかし、その記事では、具体例が挙げられておらず、屋内から鑑賞する庭園とは何を指すのか、またどのように成立したのかを特定していない。つまり*The Gardens of Japan*において、原田は屋内からの鑑賞法の成立と禅とを結合させて、画像を伴いより具体的に西洋の読者に示したのである。

続いて、桃山時代については、期間は短いが、日本芸術の歴史において重要な時代と位置づけ、「gorgeous luxuriance, bold and free in conception（壮麗で華やか、そして力強く、思想にしばられない）」と「quiet refinement of shibumi（静かに洗練された渋み）」という対照的な美意識が発達したと特徴付けている(29)。前者は、戦国時代の不安定な世相を反映したもの、後者は、「茶の湯」が広まったことによるものと説き、古田織部や千利休らを紹介している。千利休は「the great *cha-no-yu* master（偉大な茶の湯の達人）」として紹介されているが、安土桃山時代の「侘茶」の確立や発展には触れられておらず、室町時代に禅によって茶の湯に「artistic expression（芸術的表現）」が見出されたことが強調されている。原田にとっての「茶の湯」とは、安土桃山時代の文化としてよりは、むしろ室町時代に禅と融合した芸術文化を意味していた。

江戸時代に入ると、「茶の湯」文化の影響は、社会的地位の高い層だけでなく、庶民にまで流行するようになったと論じ、江戸時代の「masterpiece（傑作）」として、桂離宮を挙げ、作庭家として小堀遠州を紹介している(30)。その他、修学院離宮や仙洞御所などを挙げ、皇室に関連する庭園の誕生を伝えている。その後、それまで京都で発達した庭園文化が江戸へ移り、浜離宮など皇室に関連する庭園のほか、将軍や権力者たちの庭園が作られていったと論じている。また、江戸だけでなく、大名たちがそれぞれの地域に大規模な庭園を造ったことも江戸時代の特徴として挙げ、加賀の兼六園や讃岐の栗林園（現在の栗林公園）、そして備前の後楽園を紹介している。

江戸時代に生じた注目すべき変化として、作庭が「〝tea-men〟 and priests（茶人や僧侶）」から「niwa-shi, or gardeners（庭師、あるいは植木屋）」の手に渡ったことが挙げられている(31)。これと関連して、江戸時代後半は、茶庭にもある変化が生じたという。

> It may be noted here that the cha-seki gardens gradually ran to artificialities, vainly copying the outer forms of past masters, without understanding their inner meanings, finally ending in stereotyped formulae.(32)

茶席の庭は次第に人工化に陥り、内なる意味を理解することなしにみだりに過去の名匠の外面的な形だけを模倣し、最終的に定型化される結果となった。

ここで原田は、江戸時代後期には、茶庭は「人工化」され、また「定型化」されていったと指摘している。過去の傑作を模倣するのみで、「inner meanings（内なる意味）」が失われた結果であるという認識が示されているが、室町時代に、禅の影響が及んだことで芸術性をもった「茶の湯」は、洗練された素朴さという独自の美意識を発達させるが、江戸時代後期には、それらはいったん失われてしまったというのである。茶人や僧侶たちによって室町時代以降に熟した庭園文化は、江戸時代の「庭師」たちに継承されることはなかったというのが原田の理解であった。

しかし、茶の湯文化の継承と断絶という問題は、明治時代に入るとさらなる変化を遂げるという。明治時代における茶の湯のあり方について、原田は次のようにまとめている。

As a reaction intoxication with things foreign, *cha-no-yu* was revived, which helped to retain refinement and Nippon taste in our gardens.(33)

外国のものごとへの陶酔に対する反発として、茶の湯が復興し、われわれの庭の高雅さと日本らしさを維持し続けることができるようになった。

極端な西洋化への反動として、一度は衰退してしまった茶の湯の文化が、明治時代に復活したと原田が見なしていたことがわかる。「茶の湯」の文化が復活したということは、つまり、室町時代に禅の影響とともに発達した美意識が、ふたたび日本の庭に戻ってきたことを意味している。引用中の「Nippon taste（日本の嗜好、日本らしさ）」とは、すなわち、室町時代的な美意識を指すとみなしていいだろう。

このほかに、明治時代については、多くの公園が誕生し、江戸時代の大名庭園がつぎつぎと一般開放されていったことなどを紹介している。また、西洋から輸入された「芝」が、日本の伝統的な庭園の様式にも溶け合ったことなどに触れている。(34)

室町時代に禅とともに発展した茶の湯文化は、江戸時代後期にいったん衰退するが、明治時代に復活したことによって日本庭園は現在に至るまで「日本らしさ」を継承することが可能になったという庭園史観を原田は提示したのであった。原田は、茶の湯の衰退を特徴とする江戸時代後期を、室町文化と対峙させることによって、江戸後期の庭園について「人工化」と「定型化」と表現した。原田にとって、禅と結びついた茶の湯が明治時代に復活したということは、日本庭園の独自性の再確保、そして、維持・継承を意味していたと考えていいだろう。禅と茶の湯の融合こそが、日本の庭の過去と現在、そして未来においても重要な要素であるとみなしていたことは、本著の結びである「Conclusion」にも端的に示されている。

Zenism, combined with Other-isms, strongly established itself in connection with *cha-no-yu*, which revolutionalised our garden. Its influence still prevails, giving a strong and worthy character to our garden.(35)

禅道は、ほかの異なった教え（イズム）とも混交し、茶の湯と関わりながらその教えを確固たるものとし、それはわれわれの庭を大きく変革した。その影響は、いまもなお広く浸透しており、すぐれた価値のある特徴を、われわれの庭に与えている。

禅のみが単独でなく、茶の湯との関わりにおいて確立されたことが、日本庭園における「革命」であったと強調されている。さらに、その影響は広く浸透し、今日に至るまで、日本庭園の独自性として生き続けているという認識が示されている。禅と茶の湯の関係性が、これほど特化されている原田の庭園観は、同時代の庭園研究においてどのように位置づけられるのだろうか。

まず、日本国内の庭園論においては、「茶の湯」の文化が重要な要素であるという理解そのものは、近世の庭に関する文献にまでさかのぼることができる。秋里籬島の『築山庭造伝』(一八二九)には、茶庭の心得を説く際に『茶話指月集』(一七〇一)を参照したと思われる箇所がある。さらにこの秋里の著作を参照した横井時冬の『園芸考』や本多錦吉郎の『図解庭造法』(一八九〇)などでも茶庭の項目で茶の文化の理解が必要であると論じられている。しかしこれらの著作においては、茶の文化と禅の関係性は特に論じられていない。

禅の影響のみをみると、明治時代に横井時冬の『園芸考』で触れられていることが確認できる。その後、大正から昭和初期には、田村剛(一八九〇–一九七九)や龍居松之助(一八八四–一九六一)などが、禅の普及と茶の湯の発展とともに、中世における庭園文化が花開いたと論じている。つまり、この時代の言説空間においては、禅と茶の湯が、日本の庭園の発展に重要な要素とみなす認識は、ある程度共有されていたものであった。さらに、一九二〇年代後半から一九三〇年代には、庭園研究の枠を超えて、日本庭園の独自性を模索する言説が量産されるようになっていく。そうした言説では、「禅」と「茶の湯」が日本の中世の美意識を形成する要素として位置づけられるようになっていった。以上のような状況を考慮すると、原田の日本庭園論は、日本国内の同時代的な思潮から突出したものとはいえない。

それでは、欧文による日本庭園論における「禅」と「茶の湯」についてはどうだろうか。

コンドルは、茶の湯の影響が重要であったと論じており、作庭の基本の型の一つとして「定式茶庭」という図も掲載されていた。しかし、鎌倉時代の項目で仏教の伝来について述べる際も、室町時代の項目で茶の湯に言及する際にも禅について触れておらず、禅に関する記述そのものがない。コンドル以降、原田の出版より以前の欧米人による日本庭園論を調査したうち、禅に関する記述が英語で確認できたのは、明治四三年（一九一〇）に京都商品陳列所から出版された全三七頁の *Official Catalogue* である。庭園の項目はわずか三頁に過ぎないが、その中に「The Influence of the Zen sect of Buddhism and of Tea Ceremony began to tell on the gardens and buildings, especially in the Ashikaga Era.（仏教の禅宗と茶道は、特に足利時代に庭や建築物に影響を及ぼすようになった）」とある。先述のように、本書の執筆には、名古屋で高校の講師をしていた原田が関わっていたことがわかっており、さらに、この箇所は大正元年（一九一二）には、Mrs. Basil Taylor による *Japanese Gardens* に引用されている。Taylor 以降は、原田の *The Gardens of Japan* が出版されるまでの間の欧米人による著作中には、禅と日本庭園の関係性について論じられているものは管見の限りでは見出すことができない。一九一〇～二〇年代には、欧米人による旅行記が出版され、日本の庭について触れるものはあるが、記述の対象が日常生活のなかの庭であるなど、「禅」との関係性に言及するものは見つかっていない。英文による日本庭園論において禅が扱われるようになるのは、原田以降の一九三〇年代であり、そのほとんどが、後述するように、原田の *The Gardens of Japan* を参考文献として挙げている。

日本国内の庭園論との比較においては、禅の影響を受けた美意識が室町時代に発達し、それが次第に茶の湯の芸術性を高め、こうした文化の成熟が日本庭園の「新しい時代」を切り開いたという認識は、広く共有されていたともいえる。しかし、欧文の日本庭園論においては、原田の庭園論は、禅と茶の湯の関係性を特化するものの先駆けであり、その後の欧米人たちの日本庭園観の形成に広く影響を及ぼすものであった。

(2) 原田治郎の参照枠―岡倉天心の茶の湯論

ここで、原田治郎の禅と茶の湯に関する理解の背景について若干の考察を加えたい。

原田は茶の湯を「"a cult or institution founded upon the admiration of the beautiful in the sordid facts of every life."（日常生活のむさくるしい諸事実の中にある美を崇拝することを根底とする儀式）」と定義し、禅の影響を集約した日々の実践であると説いている。[36] この定義は、本文中に註はないが、岡倉天心の*The Book of Tea*（『茶の本』一九〇六）の冒頭からの引用である。岡倉天心については、第二章でも触れたとおり、明治時代において、美術学校の設立や廃仏毀釈や海外への流出から仏教美術や古美術を保護する法律制定などに携わり、また、日本の美術や文化を英語で論じたことで知られている。なかでも、*The Book of Tea*は、茶の湯や茶室などをとおして、日本の芸術観や芸術鑑賞のあり方を英語で論じるもので、現在に至るまで、欧米においては代表的な日本芸術論の一つである。岡倉は、茶の本質とは、「incomplete（不完全さ）」の崇拝であり、茶室とは、想像力の作用によって完成へと仕上げるために、あえて未完成のままに残しておくと説いた。また、作品と鑑賞者との「sympathy（共感）」と「communion（交流）」の成立があってこそ「傑作」が誕生するという芸術鑑賞のあり方を論じ、作品と鑑賞者の関係性こそが芸術の根幹を成すと捉えていた。

茶の湯の定義を岡倉から引用しているように、*The Gardens of Japan*における茶の湯と禅に関する記述からは、原田が岡倉天心の*The Book of Tea*に大いに依拠していたことがわかる。先の引用で示したように、原田は「Zenism」という語を用いているが、これもまた、岡倉天心の*The Book of Tea*に見いだせる語でもある。さらに、原田による茶庭に関する記述には、より明確に岡倉天心を踏襲していることが示されている。

Some aimed to create in it a feeling of utter loneliness of sylvan solitude or as suggested by（イ）“a solitary cottage on the sea beach in the waning light of an autumn eve.” Others tried to interpret in the garden path the feeling such as suggested by the verse（ロ）“Oboro zukiyo umi sukosi aru konoma kana.”（“A pale evening moon, a bit of the sea, through a cluster of trees.”）What was aimed at in creating such a garden “the solitude of a newly-awakened soul still lingering amid shadowy dreams of the past, yet bathing in the sweet unconsciousness of a mellow spiritual light, and yearning for the freedom that lay in the expanse beyond,” as so ably commented on by Okakura.[37]

（記号（イ）、（ロ）は筆者）

茶庭に、人里離れた森のような寂しさ、または「見渡せば花ももみじもなかりけり浦のとまやの秋の夕暮れ」が示唆するようなものを創ろうとする者がいる。また、露地について、「朧月夜海少しある木の間かな」という一句が暗示する感じと解釈する者もいる。このような庭を創るときに目指すべきものは、「目覚めたばかりの魂がいまなお、過去の暗い夢の中から抜けきれずにいるが、やわらかい霊光の甘い無意識に浸って、彼方の天空にある自由にあこがれるという孤独」であると、岡倉が見事に解説しているとおりである。[38]

上述の文章は、原田が岡倉の *The Book of Tea* の第四章「Tea Room（茶室）」から引用したと明記している箇所である。岡倉が、露地をつくる際に、茶人たちにはそれぞれの「秘訣」があったと説明している箇所であり、千利休は（イ）の句が表すような「寂寥」を、一方、小堀遠州は利休とは異なり、（ロ）の句が表すような「孤独」を志したと論じた部分である。原田は岡倉を踏襲しながらも、千利休や小堀遠州という固有名詞をここでは省いて、茶庭を作る際の心得として紹介している。（イ）は、藤原定家の作で、表千家と裏千家に心得として伝わる句である。一方、（ロ）は宗砌の連歌の中の一句で、『茶話指月集』にも収められており、横井時冬の『園芸考』のほか、コンドルを含む国内外の庭園書に頻繁に引用されている。

以上のように、原田の庭園論の特徴とは、岡倉による*The Book of Tea*を踏襲し、禅と茶の湯の結合と、鑑賞者の視点の移動を庭園史の重要な転換点とみなしたことであった。「禅」と「茶の湯」そして「室町時代」を特化する庭園論が日本国内で共有され始めていた時代に、他の庭園研究者が扱うことのなかった岡倉天心の茶の湯論をブレンドし、それを英語で論じたことが、原田の庭園論の独自性であったといえる。

原田治郎と岡倉天心の親縁性について、最後に、原田による「外から鑑賞されていた庭が、内から鑑賞する対象となり庭園の発展を切り開いた」という一文と、岡倉天心の*The Ideal of the East*（『東洋の理想』）の一節を比較してみたい。*The Ideal of the East*の有名な一節に、「Victory from Within, or a mighty death without.（内からの勝利か、しからずんば、外からの強力な力による死あるのみ）[39]」がある。岡倉はここに、インドを中心としたアジア諸国の発展のあるべき姿を集約させた。アジアの発展とは、外的圧力によるのではなく内発的であるべきだと、簡潔にして詩的に説いた文である。「外」から鑑賞されていた庭が、禅と茶の湯の融合によって、「内」からみる視点を獲得したという一文にもまた、「without」と「within」が効果的に使われており、岡倉によるアジアの内発的発展史観と、原田の日本庭園の発展史との表現上の類似は興味深い。「内からの勝利」を、「内からの鑑賞態度」へと換骨奪胎し、禅と茶の湯の融合を、「内からの勝利と発展」の原動と、原田が示唆したのではないかという解釈の可能性を提示しておきたい。

4　原田治郎の画像の特徴―写真のなかの日本庭園

先述したとおり、本書は全体の四分の三が画像資料で占められ、京都の庭園を中心とした多くの庭が紹介されている。日本庭園の写真は、西洋の国々で開催された万国博覧会などで展示されてはいるが、原田の著作以前で最も体系化されたものは、コンドルによる *Landscape Gardening in Japan* の Supplement として付された別冊の写真集である。コンドル以降の欧米人による日本庭園論で、写真が用いられた場合でも、コンドルの著作からの転用が多く、[40] 欧米における日本庭園の見方、眺め方を、コンドルの写真は定式化したともいえる。

原田の *The Gardens of Japan* は、西洋に日本庭園の写真を紹介する点では同じでありながらも、対象とする庭園の選択や被写体をとらえるアングル、また構図や光の取り入れ方などの点において、コンドルとの大きな相違が認められる。そこで、コンドルの画像の提示法を適宜参照しつつ、原田の *The Gardens of Japan* の写真が、西洋における日本庭園観に、どのように作用し得たのかを考察していきたい。庭園を対象とした写真が果たす役割は、その状態を記録したり伝達するという機能だけでなく、その時代の見方の傾向や鑑賞者の位置、そしてそれらを規定する価値体系をも映し出すといえる。このような関心に立脚し、原田の *The Gardens of Japan* の写真の特徴の分析を試みたい。

（1）　眼差しの変遷―コンドルの画像との比較

原田の *The Gardens of Japan* の写真の特徴は、本文に対応する撮影地点と画面構成にある。茶の湯と禅の結合を「Nippon taste（日本らしさ）」とみなし、その成立が室内から鑑賞する庭園を誕生させたという論旨に応じて、多くの京都の庭園が作庭例として選出されている。それらの写真に共通してみられるのは、室内を思わせる撮影地点と、庭園を真正面からではなく斜めの方向から捉えるアングル、そして後景に焦点を合わせ前景の一部を接写するという構図である。これらの特徴をもった*The Gardens of Japan* の写真には、どのような意図が込められていたのだろうか。

室町時代の作庭例として収められた龍安寺庭園の写真をみてみよう（図６）。龍安寺は宝徳二年（一四五〇）に細川勝元によって細川氏の菩提寺として建立され、築地塀で囲まれた約一〇〇坪の方丈南縁の庭で知られている。一面に白砂が敷かれ、その上に大小一五個の庭石が配置されているが、図６は方丈の前庭を、真正面からではな

図６　龍安寺方丈

図７　醍醐寺三宝院

図８　南禅寺方丈

く右斜めから撮影したものであり、「虎の子渡し」や「丸山八海」そして「神仙五島」とも言われる五群の庭石の左右非対称性が強調されるアングルである。写真の左側手前からは、石庭と建物の境界が放射線状にのびており、建物側を撮影地点として、低い目線で撮られている。視線は白砂の上を対角線上に誘導され、撮影地点があたかも縁の延長線上、つまり方丈の建物内に位置しているかのような効果を生みだしている。

龍安寺で示唆された屋内からの眼差しは、醍醐三宝院と南禅寺方丈の写真にも応用されている。桃山時代の作庭例として挙げられた京都醍醐寺の三宝院庭園（図7）は、平安時代の寝殿造りを模して造営されているが、庭の中心に位置する蓬莱島と瀛洲島を屋内から眺めるように撮影されている。画面の左半分の屋内は暗く、画面の右半分を占める景観は自然光によって照らされており、屋内外のコントラストが際立っている。また画面の左上の屋根のひさしと画面下方の方丈の縁は、方丈の内側から撮られたことを物語る。

図8の南禅寺方丈の庭園も、室内外のコントラストが際立っている。南禅寺は、正応四年（一二九一）に禅院として創築されたが、現在の方丈は慶長一六年（一六一一）に清涼殿を移築したものであり、*The Gardens of Japan* には江戸を代表する庭園として選出されている。図8には、築地塀に沿って置かれた「虎の子渡し」として知られる景石と、楓と松そして椿とサツキの丸刈り込みが右斜めの方向から撮影されている。真正面から左右対称に捉えるアングルの忌避と、画面前景の陰影と後景の自然光という明暗のコントラストの強調は、室内外の差違と庭園の奥行きをより明示する役割を果たしているといえる。

The Gardens of Japan の画像の選出と画面構成の特徴は、コンドルの付録に所収されている画像と比較するとより明確にみえてくる。コンドルの付録には、日本全国から三三ヶ所の写真が順不同で綴じられているが、原田が京都の庭を多く挙げたのに対して、コンドルが挙げた京都の庭は、京都御所と金閣寺、銀閣寺そして西本願

寺滴翠園のわずか四ヶ所のみである。コンドルは、執筆当時、等持院や西芳寺そして龍安寺や清水寺など京都の庭園が荒廃していると述べており、[41]京都に比べて状態が良好であった東京の庭園を中心とした写真が扱われたと推察される。また、原田が本文に応じた画像を選んでいるのに対して、コンドルの場合は必ずしもそうではない。本文では触れられていない松島や琵琶湖といった自然の風景が含まれている一方で、西芳寺や龍安寺など本文中で触れられながらも写真が掲載されていない庭もある。

次に、原田とコンドルの画像の構図を比較してみたい。原田の画像では明暗のコントラストや左右の非対称性が強調されていたのに対して、コンドルの写真は、それとは対照的に庭の全景を一望するパノラマ風の構図が用いられている。堀田邸庭園（図9）や向島百花園（図10）のような全体を俯瞰するアングルは、特に被写体が大規模な回遊式庭園などの場合、敷地の広大さを伝える意味で適している。照明に関しては、被写体には全方向からまんべんなく光があたり、庭園に配置された樹木や灯籠、そして橋や石などが識別しやすい。しかし一方で、拡散する自然光が庭園の配置物を均等に照らしているため、画像上に陰影が生じず、結果として写真からは庭園の奥行きや遠近感が伝わりにくい。代わり

図９　堀田邸庭園

図 10　向島百花園

に、写真中の対象物は平坦に写し出され、風景は水平に広がっていくようにみえる。さらに庭園の全景を写し出そうとする構図からは、撮影地点が、庭園の敷地上、つまり野外に位置していることが推察される。

また、原田の画像にはほとんど人物が写されていないが、一方のコンドルの画像には人物が写されていることが多い。写真中の人物は、コンドルや撮影者の指示によって意図的に配置されたのか否かを特定することはできないが、ここには二つの役割が考えられる。一つは、被写体のスケールを明示するという役割である。明治期には、古社寺や建築物を撮影する際に、被写体の大きさを伝える基準として人物が意図的に配置されたという。従ってその習慣が、庭園の撮影に応用され、庭園の規模を記録するために人物が配置された可能性がある。二つには、被写体である庭園が、実際にどのように使われているのかを伝えるという役割である。堀田邸の橋の上に立つ人物（図9）や向島百花園のベンチに座る人々（図10）からは、庭園が野外リクリエーションの場として機能していた様子がうかがえる。これらの写真は、大きさを捉える記録としての役割と、実用面や風俗を伝える役割を果たし得たと考えられる。

（2）原田治郎の画面構成と広重の構図の比較試論

次に、原田の画像の構図について、特に、明暗を強調するライティングと、前景と後景のコントラストを強調するという二つの特徴について検証したい。図11は、京都嵐山の天龍寺の庭園を撮影したものである。天龍寺は、興国元年（一三四〇）に夢窓国師を開山として建立された臨済宗天龍寺派の大本山であるが、南北朝時代の例として選出された天龍寺の庭の写真には、局所拡大的な画面構成が顕著である。図11は、後景の大方丈に焦点が絞られている一方、前景の樹木が接写されている。また、画面を垂直に貫通する樹木の陰影と、自然光がまぶしく反射する中景の曹源池とのコントラストは、見る者の視界を断絶するような画面を成している。接写された前景に陰影が生じ、木立の隙間から明るく広がっていく後景を覗き込んでいるかのような独特な構図は、やや飛躍するようであるが、「浮世絵的な空間構成」を想起させる。そこで、比較として、歌川広重（一七九七－一八五八）の『名所江戸百景』（一八五六－五八）より、「上野山内月のまつ」の構図を並べてみたい（図12）。図11と図12からは、まず、画面の左側を大きく樹木が縁取り、前景に陰が生じていること、また、後景では日差しの明るさが際立ち、建物などは小さくおかれているのみで、ディテイルがほとんど省かれていること、さらに、双方とも、中景に池が配されており空間が生じているという三つの共通点を挙げることができる。図11と図12は、「中景脱落」ともいえる構図が採用されており、前景と後景の明暗と大小のコントラスト、そして距離感が強調されるという効果が発揮されている。

こうしたいわば「浮世絵的」な画面構成は、*The Gardens of Japan* に掲載された写真の多くに見出すことができる。実は原田は、イギリスで出版された広重の画集 *Masters of Color Print VI Hiroshige*[42] の解説も執筆してお

図11　天龍寺

図12　上野山内月のまつ

り、浮世絵に対する造詣も深い。しかし、原田がどこまでこうした構図を意図的に採用したのかについては、推測の域をでるものではなく、また、画面上の類似性の検証には方法論上の困難が伴うが[43]、それでもなお、*The Gardens of Japan* の画像にみられる独特のアングルが持ち得た意義を、浮世絵の構図との親縁性から探ってみたい。

(3) 鹿苑寺(金閣寺)庭園と岡山後楽園の画像分析

以下では、コンドルと原田が用いた画像について、随時、浮世絵、とくに広重の構図を参照しながら比較分析し、*The Gardens of Japan* の視覚情報の性質を特定していく。

図13と図14は、それぞれコンドルと原田が掲載した「金閣寺庭園」の写真である。通称金閣寺で知られる鹿苑寺は、応永四年(一三九七)に足利義満が、鎌倉時代の西園寺公経の山荘跡に建てた京都の北山に位置する別邸であり、金箔を施された楼閣建築の舎利殿「金閣」の前面の鏡湖池を大海と見立て、後方の衣笠山を借景として取り入れている。コンドルの付録の金閣寺庭園の写真(図13)は、鏡湖池を挟んで金閣の対岸から撮影されている。写真のほぼ中央に位置した金閣の前側面と左側面には同等量の光が当たっており、一見すると真正面から撮影されたかのように陰影がほとんどない。そのため、楼閣の立体感がわかりにくく、後方の樹木と前方の島と金閣との距離感が把握しにくい。写真には、鏡湖池に浮かんだ船に立つ漕ぎ手と、金閣の二層目(潮音洞)に佇む人物が写し出されている。船と漕ぎ手が配置されていることからは鏡湖池がどのように使われ得たのかが、そして楼閣の人物からは建物の尺度がうかがえる。一方、*The Gardens of Japan* の金閣寺は、鏡湖池の対岸から撮影されているが、岸の土が画面の半分を占めており、光が反射する池とのコントラストが生じている(図14)。画

面のほぼ中央には陰影のある細木が垂直に貫通しているが、金閣の右横に写っている桜の木には細木が倒れかかっており、ゆるやかな三角形をなしている。焦点が楼閣に絞られていることによって、陰影のコントラストと相俟って、撮影地点からの距離感が際立ち、立体的な印象を生みだしている。

このような独特の構図は、広重の作品のなかにも見出すことができる。ここでは、広重の『木曽街道六拾九次』(一八三七)の「伏見」(図15)と比較してみたい。図15では、画面の中心に大木が立ち、そこにまるで添え木のように寄り添う細い木が描かれている。二本の木の周囲には、旅人とも思われる人々が憩い、二本の木の間からは、池を挟んで、向こう岸の山が眺望できるようになっている。木陰で休む人々が生き生きと描かれている広重の「伏見」に対して、原田の金閣寺庭園の写真には人は写っていないが、前景の茂みから伸びた木々がゆるやかに寄

図13 コンドルの金閣寺庭園

図14 原田の金閣寺庭園

図15 木曽街道六拾九次之内 伏見

図 16　コンドルの岡山後楽園

図 17　原田の岡山後楽園

り添い、その間から、中景の池を越えて、後景である金閣を望むという画面構成上の共通点が興味深い。コンドルの写真（図13）が、金閣を真正面から捉え、正確にその全貌を伝えようとする意図が感じられるのに対して、原田の写真（図14）は、木陰から対岸の楼閣をまるで覗き込むように構成されており、そこには記録媒体としてだけではなく、「鑑賞」する芸術性が付加されているようにも感じられる。

　コンドルと原田の写真の違いは、時代も様式も異なる岡山後楽園の画像（図16、図17）からも見出すことができる。江戸時代を代表する回遊式庭園である岡山後楽園が岡山城の後庭として完成したのは、元禄一四年（一七〇一）であった。一万七一〇〇坪にも及ぶ敷地には芝が敷かれており、物見台をかねた唯心山という築山のある南側と花葉池のある西庭、そしてソテツ園が位置する中央と花交の池の東庭から構成されている。園内の南西にある月見橋や東方の薬草園、中央の池泉にある釣殿をもつ御野島、南には酒宴のための流店など、実際に人びとに使われていた機能を現在まで残している。

コンドルの岡山後楽園の写真では、岡山城天守が画面の中央の後景に借景として配置され、手前の池泉に浮かぶ中島には、砂敷と松、そして雪見灯籠がおいてあることがわかる（図16）。後楽園のスケールの大きさや開放的な雰囲気を伝える写真であり、後景に配された岡山城を中心に、パノラマが広がるようなアングルで撮影されている。しかし、画面全体にほぼ同量の光が射しているため、奥行きを感じにくく、庭園全体の立体感が把握しにくい。この写真では、中島の右側に岸から訪れるための船が写っており、後楽園がどのように使われていたのかをうかがわせる。

一方、*The Gardens of Japan* に掲載された岡山後楽園の写真でまず目を引くのは、左右を縁取る松の大木であろう（図17）。巨大な松の影は黒く、その間に広がる庭園の風景の明るさが際立つ。左側の大木の横には人物が写っており、撮影当時にはすでに一般に公開されていたことを物語る。画像の左端の人々は、一見目立たないが、左右の松の巨大さを控えめながらも強調している。建築物や樹木の大きさを伝えるという点や、当時の庭がどのように使われたのかを伝えるという点においては、コンドルの画像の人物たちと同様の機能を果たしているといえるが、コンドルの写真では、人物たちがほとんどの場合カメラの方を向いているのに対して、原田の写真では、人々は、画像の端に偶然写り込んだようにみえる。図17は、二本の大松の間から池に浮かぶ月見台を覗き込むようなアングルで撮影されているが、大木の間から池とその向こう側にある風景を覗き込むという構図は、先に見た図15の「伏見」にも通じている。広重には他にも、こうした「覗き込むアングル」という趣向の作品が多い。

The Gardens of Japan の写真の特徴をまとめると、当時の庭園について、その全貌を客観的に記録し伝達しようという意図よりも、独特のアングルや構図をもち、原田が本文で主張した点を視覚的に補うという性質が強いといえるだろう。禅と茶の湯の融合と発展によって生まれた「屋内から眺める庭」として、龍安寺や醍醐寺三

宝院は室内あるいは縁側など屋内を思わせる撮影地点から、左右を非対称的に捉えるアングルで、陰影や奥行きを生じさせるように撮影されていた。また、クローズアップを用いて前景の一部を接写し、全体のバランスをあえて崩壊させるかのような、まるで浮世絵を想起させる構図が多用されていた。左右対称性の忌避を暗示させるような大胆な構図は、前景と後景の距離感を生み、また、局所拡大的な描写は、臨場感を生じさせるという役割も果たし得たと考えられる。

コンドルの鳥瞰的な眼差しとは対照的に、原田の写真は庭園のごく一部を強調することによって、その全貌を想像させ連想させるという手法がとられたといえる。こうした浮世絵的ともいえる構図は、すでに後期印象派を通じて、西洋における日本美術の特徴として定着しており、多くの美術愛好家の間で知れ渡っているものであった。広重にも通じるような画面構成を用いたことで、原田の写真には美的鑑賞としての役割をも与えられ、写真そのものを一つの美術作品として「創出」したという可能性もある。

これらの写真の撮影者について、コンドルの場合は、その多くが小川一真（一八六〇－一九二九）によるものと明記されているが[44]、どの写真が小川によるものなのか、またそれ以外の写真の典拠は何かなど不明な点も多い。一方、*The Gardens of Japan* には撮影者名が明記されていない。しかし、これらは原田本人によって撮影された可能性が高い。*The Studio* の別冊である *Gardens and Gardening* の一九三八年号には、原田による庭園に関する記事が掲載されているが、ここでも、被写体の一部を接写する大胆な構図や、立体感を生みだす陰影など *The Gardens of Japan* と共通する特徴をもつ画像が認められる。それらの写真の脚注には、「Photo by Harada」と、原田本人による撮影であることが明記されており、昭和初期には、原田本人がカメラをもって撮影に赴くことは技術的にも可能であったと考えられる。原田による撮影でなかったとしても、本文の内容を補う機能を果たすアングルや構図の選出は、日本美術に根ざした原田の眼差し、あるいはかれの審美基準を反映したものと考えていいだろう。

5　原田治郎の及ぼした影響──国外と国内のギャップ

では、原田治郎の*The Gardens of Japan*は、国内外でどのような反応を引きおこしたのだろうか。原田を参照した欧文文献として、以下では、一九三〇年代に出版された二冊を検証し、*The Gardens of Japan*がどのような感化を与え得たのかについて確認したい。

イギリスの雑誌*House and Gardens*の編集者を務めたリチャード・ライト（Richard Wright　一八八七－一九六二）は、昭和九年（一九三四）に*The Story of Gardening*を出版し、世界各国の庭園の歴史や様式を紹介している。このなかに、「In Old Japan」と題された日本庭園に関する章がある。わずか一三頁という限られた誌面で扱っているのは、「Effects of Zen Buddhism」、「The Tea Ceremony」、「Dry and Water Gardens」、「Garden Details」という四つの項目であり、禅と茶の湯が中心に論じられていることがわかる。巻末に収録された参考文献リストを確認すると、日本に関連する図書が二冊挙げられているが、そのうち、禅と茶の湯については主に原田治郎の*The Gardens of Japan*に、庭園の実践的な知識については、コンドルの*Landscape Gardening in Japan*に多くを依拠していることがわかる。(45)

ライトの日本庭園史観をまとめると、奈良時代から平安時代の庭園には中国の影響が強く及んでいたが、鎌倉時代以降は、禅宗の普及によって変化していったという。ライトは、禅と庭園の関係性について次のように論じている。

It is one of the characteristics of Japanese art that the artist seems never to complete his work – the print seems unfinished, the garden lacks some final reality. And therein lay a principle of the Zen Buddhistic belief – each devotee, by his inner illumination, was capable of finishing the picture or the garden himself, according to his own light. A few suggestions sufficed to arouse his intuitive perceptions.(46)

芸術家が作品を未完成にみせるのは、日本美術の特徴の一つである。絵画は未完成にみえ、庭園は最終的な実相を欠く。そこには、禅の原理が通底しているのである。すなわち、帰依する者それぞれが、内なる輝きによって、自分自身の光に従い、絵画や庭園を完成させることができるのだ。直観的な知覚は、ほんの少しの暗示で十分に呼び起こすことができるのである。

日本芸術の特徴として、芸術家は作品をあえて「未完成」に仕上げ、鑑賞者はそこに自分自身の「内なる輝き」を加味して「完成」に至らせること、そしてこのような鑑賞態度の根底には、禅宗の教えがあるとライトはまとめている。こうした日本芸術の特徴が、庭園にも応用されているとライトはみなしていた。また、ライトは、「枯山水」を禅の「tenet（教義）」をシンボリックに表す様式と紹介しており、欧米人による禅的な解釈が枯山水様式に応用された文章としては、もっとも早いものの一つである。ライトの上記の解釈は、まさに岡倉天心が*The Book of Tea* の第五章「Art Appreciation（芸術鑑賞）」で論じた鑑賞者と作品の関係性のあり方とも符合する。ここに岡倉天心の名前は参考文献として挙がってはいないが、*The Book of Tea* がすでに一九〇六年にはアメリカで出版されていたことから、岡倉天心の日本芸術論を直接的に踏襲した可能性のほか、原田が*The Studio*誌上で論じた日本芸術論の影響などがあったと考えられる。また、日本の芸術作品と通じる特徴を庭園に見出すなど、ライトは、造園学や農学、園芸学という領域としてよりは、芸術領域に属するものとして日本庭園を捉えていたことが示唆されている。

ライトは茶の湯について、「"the admiration of the beautiful in the sordid facts of everyday life."（日常生活のむさくるしい諸事実の中にある美を崇拝すること）」と引用文をもちいて定義している[47]。これは、岡倉天心の『茶の本』の冒頭の一節であり、原田治郎が*The Gardens of Japan*で茶の湯を定義した際に引用した一文でもある。ここにも註がないため、ライトが参照したのは、岡倉の原文なのか、あるいは原田の引用文なのか特定はできないが、禅と茶の湯の理解について、岡倉から原田に続く系譜に、ライトが位置づけられることは確かである。

ライトはこの他に、比重は少ないながらも、コンドルを参照しながら、真行草や石組についてもふれ、実際の庭造りに応用できる情報も提供している。また、*The Story of Gardening*には、*Landscape Gardening in Japan*から、三枚の挿図が転載されている。つまり、ライトは、原田の影響が随所に見受けられるものの、コンドルにも依拠しながら、二つの異なるパラダイムがブレンドされた日本庭園論を提示したといえる。

ライトの*The Story of Gardening*は、禅と茶の湯の融合が、日本庭園の独自性の形成に大いに寄与したという日本庭園観が、欧米人によってこれまで以上に明確に発信されたことを示している。コンドルや一九世紀末の欧米人たちが日常生活における庭園に関心を向けていたのに対して、ライトの視点は、実践的な情報に触れつつも、禅と茶の湯の影響により重心を置いており、欧米における日本庭園観の転換をも見いだすことができるのである。本書は、昭和三八年（一九六三）にはDover publication（ニューヨークの出版社）からも復刻版が出版されており、欧米で一定の読者を確保していたとみなしていいだろう。

次に、ロレイン・カック（Loraine Kuck 一八九四－一九七七）による*One Hundred Kyoto Gardens*（一九三六）と原田治郎の日本庭園観との関係性を検証してみたい。カックは、昭和六年（一九三一）に初めて来日し、一度帰国したのち、翌年から三年間日本に滞在しており、滞在中は、英語を教えたり、英字新聞に記事を寄稿していた。その後、ハワイに移住し、ハワイ大学マノアキャンパスの日本庭園のデザインに関わったことなどがわかっているが、来日の経緯などについては不明な点も多い。*One Hundred Kyoto Gardens*は、昭和一〇年（一九三五）にアメリカの庭園愛好家団体（アメリカン・ガーデン・クラブ）が来日した際に、駐日外国人向け英字新聞*The Japan Advertiser*（一八四〇年創刊、一九四〇年にThe Japan Timesに吸収合併）から依頼されて執筆した記事をまとめて、一冊の図書として出版したものである。

本書の文末には、参考文献としてコンドルの*Landscape Gardening in Japan*と原田の*The Gardens of Japan*、そして龍居松之助の*Japanese Gardens*（一九三四）と田村剛の*Art of the Landscape Garden in Japan*（一九三五）、さらに志賀直哉（一八八三－一九七一）と橋本基（生没年不詳）の*Gardens of Japan*（一九三五）の五冊が記されている。しかし、本書の冒頭では、「専門的、歴史的な情報に関しては、原田治郎と田村剛と重森三玲に大いに依った」(48)とあり、執筆にあたって実質的には造園学の草分けでもある田村剛と、作庭家でありまた研究家でもある重森三玲、そして原田治郎を参照したことが明記されている。

まず特筆すべきは、タイトルが示すように京都の名園を紹介するという意図が明示されている点である。先述のように、コンドルを筆頭に、一九世紀末から二〇世紀初頭の欧米人による日本庭園論は、主に、民家の庭など日常生活の一部としての庭を主な対象としてきた。ライトにより、生活文化の一つとしての庭から、禅宗の庭園に関心が移行しつつあったことが示されたように、カックによる「名園」志向、それも京都の名園のみを扱った英語の庭園論が現れたことは、欧文による日本庭園論の系譜に大きな転換が生じたことを意味する。

では、欧米における日本庭園論の転換点に位置するカックの日本庭園論に、原田治郎はどのように関わっているのだろうか。原田の庭園論の影響が明確に確認できるのは、カックが日本の庭園を眺めるのに最も適した場所を、porch（ポーチ）と論じ、縁側や屋内からすわって眺めることを推奨している部分であろう。(49) 他にも、足利将軍支配下で禅の文化が発展し、そこで多くの名園が生まれたという歴史観、さらに、江戸時代後期には、「true artists（本物の芸術家）」たちが消え、日本には素晴らしい庭園が生まれなくなったという認識もまた、原田の日本庭園史観と重なり合う。(50) しかしながら、庭園の芸術性は、室町時代に頂点を極め、江戸時代後期に衰退するという庭園史観は、田村剛にも重森三玲にも通じるものであり、この点については、原田一人を参照したというよりは、一九三〇年代前後に、日本国内で共有されはじめていた言説に基づいたとも考えられる。

カックは、先のライトのように、禅的な庭園解釈を披露したもっとも早い欧米人のうちの一人であり、現在広く使われている「Zen garden」という語は*One Hundred Kyoto Gardens*が初出であろうこと、また、本著が龍安寺の石庭を、禅の教えに基づき解釈した初めての文献だろうという可能性が指摘されている。(51) カックが禅の思想を誰から学んだのかについては諸説あるが、*One Hundred Kyoto Gardens*の執筆にあたっては、参考文献として記載された田村や重森や原田、そして、当時、すでに日本国内の言説で共有され始めていた解釈を参照した可能性を提示しておきたい。昭和一五年（一九四〇）に出版した*The Art of Japanese Gardens*の序文では、京都で隣人となった鈴木大拙（一八七〇－一九六六）への謝辞が述べられており、(52) この時点で鈴木大拙を介して禅を理解していたことは明らかだが、*One Hundred Kyoto Gardens*には、鈴木大拙と交流があったことは示されていない。鈴木大拙の名が明記されていないことも、交流がなかったことの証左にはならないが、資料が限定されている以上、鈴木大拙の影響の可能性を相対化する視点が必要と思われる。

欧米における日本庭園論のこうしたいわばパラダイム・シフトの契機となったのが、カックのケースには、外圧的な要素と内圧的な要素があった。外圧的な要素とは、アメリカン・ガーデン・クラブの来日という、外国人向けの日本庭園論を用意する必要性、そして内圧的な要素とは、造園学の誕生など、日本国内で庭園研究が整備されたことに伴い、日本人による日本庭園論が言説空間に現れていたことが、コンドルらの時代とカックらの時代との最も異なる点でもある。ライトやカックのように、禅と茶の湯の影響によって庭園文化が発展したと強調する日本庭園論が欧米に登場するようになることに伴い、京都を中心とした「名園」への関心は益々高まっていったといえる。それは一方で、コンドルを筆頭に、モースやラファージらの眼差しが注がれた日常生活の一部としての庭は、関心の対象外となっていくことを意味していた。

一九三〇年代に入ると、国内外の研究者たちによる英語の日本庭園論が増加するが、それでもなお、原田の *The Gardens of Japan* は、参照され続けた。昭和四八年（一九七三）に出版されて以降現在に至るまで、造園学の基礎的文献とされる庭園史家のクリストファー・サッカー（Christopher Thacker 生没年不詳）による *The History of Gardens*（一九七三）には、原田治郎の *The Gardens of Japan* が参考文献として挙げられており、原田のほかには、『源氏物語』の英訳とコンドル、そして一九六〇年以降の文献が参考資料として挙げられている。原田と同時代の日本人研究者による庭園論（英語、日本語）は含まれていない。また、近年では、平成一四年（二〇〇二）に、コロンビア大学出版から *The Gardens of Japan* の復刻版が出版されており、初版から八〇年近く経ってもなお、原田の日本庭園論の需要が欧米であることは特筆に値する。

同著が突出した頻度で欧米の日本庭園論に参照された背景には、昭和に入ってから増加した日本人による英語の日本庭園論の多くが来訪外国人のために日本国内でのみ出版されたのに対して、原田の *The Gardens of Japan* はイギリスの美術雑誌を手がけた The Studio 社から、ロンドンで出版されたという事情も関係していると思われる。また、多くの美しい写真とともに、日本の庭園史と様式について簡潔にまとめられており、日本庭園について、基礎的な情報を得るに十分な資料とみなされたということも推察できる。さらに、造園学を中心に発達した国内の庭園研究とは異なり、芸術の一領域として日本庭園を論じ、独特のアングルで撮影した画像とともに発信したことが、欧米での日本庭園への関心と合致したという可能性もある。カックは、*The Art of Japanese Gardens*（一九四〇）の序文で、原田治郎について、「the first of his countrymen to write an authentic book in English on the gardens（庭について、英語で信頼できる本を著した初めての日本人）」と評している。[53] さらなる質的検証と量的調査をなお要するが、原田の *The Gardens of Japan* は、欧米圏における日本庭園理解において、同時代だけでなく、二一世紀に入ってもなお基礎的な文献としての確固たる地位を築いたといえるだろう。

ところが、日本国内での原田の評価は、海外での場合と趣を異にする。日本国内では、造園学の重鎮でもある佐藤昌（一九〇三－二〇〇三）が、昭和八年（一九三三）に著した論文で原田に言及している。佐藤は、一七世紀から一九二〇年代までの欧米人による日本庭園論に評価をくだし、その中で、「最も注目すべき又忘れてならない事」として原田について次のように評している。

最近又ストゥーデイオの特輯号で原田次郎《ママ》氏の「日本庭園」が発行された事は注目に値ひし、大いに日本庭園の実情を紹介するに貢献あつたらう事は想像に難くない。氏は主として写真に重きを置いて、日本庭園の本質的内容及歴史については尚遺憾なしとは云へないが、之によつて日本庭園が世界的に有名になり且つ重要なる真価が知れ渡つた事は氏に感謝しなければならない。(54)

佐藤は、原田による *The Gardens of Japan* の「本質的内容及歴史」には「遺憾」であり、視覚的情報を提供し「世界的に有名になり且つ重要なる真価」を広めた点には「感謝」を覚えるという。具体的に何をさして「遺憾」なのかはこの論文からだけでは特定できない。しかし少なくとも佐藤にとって、日本庭園の「実情を紹介」することと、日本庭園の「本質的内容及歴史」が区別されており、原田は前者の役割だけを果たしたと断ぜられたことが明らかである。

同時期、造園史家の針ヶ谷鐘吉（一九〇六－？）は、コンドル以降の欧米人による日本庭園論を検証し、その論文で原田に言及している。

スタンリ（Arthur Stanley）も The Book of the Gardens, 1932 に於て「原田次郎《ママ》氏は茶庭は茶の精神と一致した感情を起さしむる様に造られねばならぬと述べてゐたが、之は欧洲人の心には解し難い言葉である。」と言ふてゐるが、此の事は一般の欧米人に当て嵌るのではなからうか。斯かる意味から岡倉覚三氏の『茶の本』に相当する『庭の本』は矢張我々日本人の手によつて成されねばならぬと思ふのである。(55)

これはつまり、原田治郎の著作が欧米では知られているが、岡倉天心の『茶の本』にはなお匹敵しないという批判を、針ヶ谷が暗に示しているといえるだろう。針ヶ谷もまた、原田の著作の内容について紙面で検討を加えていないため、どの部分が十分でないのか、何を論じれば日本人による『庭の本』となり得るのかを特定することはできない。佐藤と針ヶ谷に通じているのは、まず原田が世界的に認知されていることを知っていながらも、原田の日本庭園論の内容に踏み込まず、積極的に評価しようという姿勢を見せないことである。

こうして欧米と日本国内で対照的な評価をうけた原田治郎は、第二次世界大戦後になって徐々にその存在が気付かれるようになりつつも、日本国内の庭園研究者たちに功労者として取り上げられることはなかった。造園学者の上原敬二による回顧録には、戦後における原田に対する評価をうかがわせる一節が見出せるので、最後に触れておきたい。上原はそれまで疑問に思っていたコンドルの*Landscape Gardening in Japan*の日本側の協力者について、東京大学講師で、明治神宮造営技師を務めた大江新太郎（生没年不詳）に尋ねた場面を、次のように回想している。

筆者（上原敬二※1）はこの書物（コンドルの*Landscape Gardening in Japan*※2）の完成に当たり、日本人として誰が協力しているのかについて永い間疑問をもっていた。この書物の影響を受け、前記東京大学建築学科において庭園の講義を行っていた大江新太郎講師は前記の協力者は美術家原田治郎ではなかろうかと筆者に語ったことがある。(56)

（※1、※2　筆者註）

結論からいって、大江の推測は正確ではない。なぜならコンドルが*Landscape Gardening in Japan*を執筆したとき、原田はわずか一五歳、渡米を目前にしていたか、あるいは渡米直後の時期と重なっているからである。

しかし、ここからわかることは、昭和五〇年代においてなお、原田が以前よりも認知されていたとはいえ、未だに原田についての正しい情報が共有されていなかったという事実である。

6　おわりに

原田治郎の重要性は、先行する岡倉天心の芸術観や禅と茶の湯の融合を、日本庭園の理解に結びつけて欧米の読者に示したところにある。岡倉を踏まえつつ、屋内から鑑賞するというパラダイムを英文で提示し、情緒豊かな写真によって本文の内容を補強して、定着させた点に原田の意義が見いだせるといえよう。独特のアングルで撮影された写真には、広重の風景画にも通じるような、美術的な価値が付与され、やがて、欧米における日本庭園論の草分けとしての地位を確立した。その一方で、原田の日本庭園論は、日本国内における庭園研究との距離を縮めることはできなかった。芸術の一領域として庭園を扱った原田の関心や手法と、園芸学や農学と関わりながら誕生し発展した造園学的な研究フォーマットとは相容れなかったのである。

しかしながら、禅や茶の湯が融合したことの重要性や、室町時代を画期とみなすこと、さらに、江戸時代後期に庭園文化が衰退するという一連の歴史観は、原田独自のものというよりは、むしろ同時代の日本の造園学者たちに共有され始めていたものでもあった。そのなかで原田が突出して欧米で参照された理由としては、岡倉天心の日本芸術論を踏襲し、より芸術性に重きを置きつつ、禅や茶の湯の重要性を英語で論じたことに集約できる。民家の庭など、生活文化の一部としての庭に注がれていた欧米人たちの眼差しは、次第に「名園」へと向けられるようになっていったが、そうした眼差しの歴史的な転換点に、原田治郎の *The Gardens of Japan* が果たした役割は大きい。

原田治郎は、庭園史はもとより美術史によって取り上げられる思想家や批評家という分類にはついに属さず、生涯を通訳や翻訳といった黒子に徹した実務者であった。原田の活動が現在に至るまで顧みられなかった事実は、庭園史と美術史における交流史的な視点の不在と、実務者への関心の希薄さという方法論上の問題点を浮き彫りにする。原田の活動をその文脈とともに再構成することは、西洋における「日本庭園」イメージの創出プロセスの解明に繋がっていくであろう。異文化交流史における媒介者への着眼は、ひいては西洋における日本イメージの生成と、その応答としての自画像の提示というセルフ・イメージの創出との循環構造を解く手がかりにもなり得るのであろう。

付記 なお、その後の調査から確認し得た原田の著作・論文のリストを本稿の末尾に付したので参照されたい。

註

(1) Harada, Jiro, *The Gardens of Japan*, Edited by Geoffrey Holme, London, The Studio Limited, 1928a. ホルム(Holme)は美術雑誌 *The Studio* の当時の編集長で、The Studio 社から出版される多くの単行本の編集を手がけた。鈴木誠(『欧米人の日本庭園観』造園学論集別冊二、東京農業大学造園学科、一九九七年)の調査に依れば、原田治郎以前の日本人による英文の日本庭園に関する文献は五件ある。洋画家本多錦吉郎が米国建築協会に向けて書いた小論文("Japanese Gardens" in *European and Japanese Gardens: a Series of Papers read before the American Institute of Architect*, Ed. Glenn Brown, Philadelphia, Henry T. Coates & co, 1902)、秋山愛三郎の自費出版本(*Pagodas in Sunrise Land*, Tokyo, Akiyama, 1915)、本多静六による雑誌記事("Japanese Gardens Portraying National Characteristic", Tokyo, *The Japan Magazine*, 1921)、神戸の写真家高木庭次郎による写真集(*Character*

istic of Gardens in Japan, Kobe, Takagi Photo, 1921)、日本国鉄道省が発行した観光案内書（*Japanese, Landscape Gardens, Japanese,* Tokyo, Govt. Railways, 1926)。以上の本多以外の四冊は日本国内での出版である。

（2）龍居松之助の『*Japanese Gardens*』（一九三四）は国際観光協会から、田村剛の『*Art of the Landscape Gardening in Japan*』（一九三五）は、国際文化振興会から、いずれも東京で出版された。*The Studio* のドイツにおける発行部数に関しては、クラウディア・デラング『ドイツにおける〈日本＝像〉─ユーゲントシュティールからバウハウスまで』（水藤達彦、池田祐子訳、思文閣出版、二〇〇四年、七四‐七五頁）を参照。

（3）原田俊夫氏、恵美子氏談。

（4）農商務省編『日英博覧会事務局事務報告書』竜渓書舎、二〇一一年。

（5）Okakura Kakuzo, Notes on Contemporary Japanese Art, *The Studio*, Vol. 25, 1902, pp. 126-128.

（6）Harada Jiro, Japanese Art and Artist of Today－Painting, *The Studio*, Vol. 50, 1910, pp. 98-123, そのほか Wood and Ivory Carving（Vol. 51, 1910, pp.103-118）, Metal Work（Vol. 52, 1911, pp. 95-105）, Cloisonne Enamels（Vol. 53, 1911, pp. 271-286）

（7）Harada, The Bonsai Exhibition in Tokyo, Eight Illustrations, *The Studio*, Vol. 152, 1956, pp. 150-153.

（8）Harada, The Japanese Gerdens, *The Studio,* Vol. 84, 1923, pp. 264-270.

（9）Harada, The Gerden of Shoren-in, Kyoto, *The Studio,* Vol. 95, 1928b, pp. 261-262.

（10）Harada, Viscount Shibusawa's Gerden. *The Studio,* Vol. 96, 1928c, pp. 184-187.

（11）Harada, Old Hama Palace Garden, *The Studio,* Vol. 151, 1956, pp. 102-105.

（12）*The Official Catalogue*［The Kyoto Commercial Museum, 1910］の謝辞には、Mr. Jiro Harada, Nagoya Imperial High School と記されている。

（13）Mrs. Basil Taylor（*Japanese Gardens* with twenty－eight pictures in color by Walter Tyndale, London, Methuen, 1912）は、庭園史の禅の箇所を著すにあたって *The Official Catalogue* に全面的に依拠したと明記している。

（14）東京国立博物館編、『東京国立博物館百年史』第一法規、一九七三年、三三二－三三四頁。

（15）団伊能「巴里より帰りて（上）」『庭園』第一九巻第五号、一九三七年、二四－二七頁。

（16）原田治郎「アメリカの日本庭園に就て」『庭園』第一九巻第六号、一九三七年、六–九頁。
（17）団前掲書（註15）二五頁。
（18）原田俊夫氏、恵美子氏談。
（19）一九五一（昭和二六）年に開催されたサンフランシスコ日本古美術展については、美術研究所『日本美術年鑑　昭和二二–二六年版』（一九五二）や文化財保護委員会『桑港日本古美術展覧会　昭和二六年九月六日–一〇月五日』（一九五二）を参照。
（20）東京国立博物館前掲書（註14）、六四五頁。
（21）東京国立博物館前掲書（註14）、六四七頁。
（22）Harada, 1928a: p. 23.
（23）Harada, 1928a: p. 28.
（24）横井時冬『園芸考』大八洲学会、一八八九年。
（25）Harada, 1928a: p. 3.
（26）Harada, 1928a: p. 4.
（27）Harada, 1928a: p. 4.
（28）Harada, The Japanese Gardens, *The Studio*, 1923, pp. 264-270.
（29）Harada, 1928a: p. 5.
（30）Harada, 1928a: pp. 5-6.
（31）Harada, 1928a: p. 5.
（32）Harada, 1928a: p. 6.
（33）Harada, 1928a: p. 7.
（34）Harada, 1928a: p. 7.
（35）Harada, 1928a: p. 38.

（36）Harada, 1928a: p. 4. 括弧内の訳は、岡倉天心著、桶谷秀昭訳『英文収録　茶の本』（講談社、一九九四年、一三頁）より引用した。

（37）Harada, 1928a: p. 25.

（38）括弧内の日本語訳は、岡倉天心著、桶谷秀昭訳『英文収録 茶の本』（講談社、一九九四年、五六頁）より引用した。

（39）Okakura Tenshin, *The Ideal of the East*, 1903. 括弧内の日本語訳は、岡倉天心著、佐伯彰一、桶谷秀昭、橋川文三共訳、『東洋文庫　東洋の理想他』（平凡社、一九八三年、一三〇頁）から引用した。

（40）Marie Luise Gothein の *A History of Japanese Garden Art* (London, Tront and New York, J. M. Dent & Sons/E. P. Dutton, 1928, 〈ドイツ語初版 *Geschichte der Gartenkunst, Jena, Diederichs*, 1913〉）や、本多前掲論文（註1）などには、コンドルの Supplement（付録）の写真が転用されている。

（41）Josiah Conder, *Landscape Gardening in Japan, Supplement to Landscape Gardening in Japan with collotypes by K. Ogawa*, Tokyo, Kelly and Walsh LTD, 1893, pp. 16-17. 明治に多くの庭園が破壊されたことは小沢圭次郎も、「明治庭園記」（日本園芸研究会編、『明治園芸史』西ヶ原叢書刊行会、一九一八年）で主張している。

（42）原田治郎　*Masters of Color Print VI Hiroshige*, London, The Studio, 1929.

（43）稲賀繁美は、ジャポニスムの画家達と北斎や広重らの空間構成を検証し、方法論上の限界を指摘した。『絵画の東方　オリエンタリズムからジャポニスムへ』名古屋大学出版会、一九九九年。

（44）小川一真とは、明治時代の写真家で、仏教美術やその他美術作品の撮影で知られる。九鬼隆一（一八五〇－一九三一）や岡倉天心そしてフェノロサが中心となった近畿宝物調査（一八八八年五月～）にも随行している。ほかに、*Histoire de l'Art au Japon*（一九〇〇）などの写真撮影を担当している。小川の活動に関しては、岡塚章子の「写された国宝―日本における文化財写真の系譜」（東京都写真美術館企画・監修『写された国宝―Image and Essence』展覧会カタログ、二〇〇〇年）や、「小川一真の『近畿宝物調査写真』について」（東京都写真美術館編『東京都写真美術館　紀要二』二〇〇〇年）に詳しい。

（45）Richard Wright, *The Story of Gardening: From the Hanging Gardens of Babylon to the Hanging Gardens of New York*, London, Routledge, 1934. ライトの著作で、日本に関連する参考文献として挙げられたのは次の一一冊。1. Mary Averill, *The flower art of Japan*, London, J. Lane, 1915

2. Mary Averill, *Japanese Flower Arrangement (Ike-bana)-Applied to Western Needs*, New York, Dodd, Mead and Co, 1928
3. Josiah Conder, *The flowers of Japan and the art of floral arrangement*, London, Sampson Low, Marston, 1891
4. Josiah Conder, *Landscape Gardening in Japan*, Tokyo, Kelly and Walsh, 1893
5. Florence Du Cane, painted by Ella Du Cane, *The Flowers and Gardens of Japan*, London, A. & C. Black , 1908
6. Marie Luise Gothein, *Geschichte der Gartenkunst*, Jena, Diederichs, 1913,（*A History of Japanese Garden Art*, London, Tront and New York, J. M. Dent & Sons/E. P. Dutton, 1928）
7. Jiro Harada, *The Gardens of Japan*, ed, Geoffrey Holme, London, The Studio, 1928
8. Henry Vincent Hubbard, Theodora Kimball Hubbard, *An introduction to the study of landscape design*, New York, Macmillan, 1929
9. Engelbert Kaempfer, *History of Japan*, London, Printed for the translator, 1727
10. Sansour, G. B., *Japan*, 1932
11. Mrs. Basil Taylor, *Japanese Gardens; with twenty-eight pictures in colour by Walter Tyndale*, London, Methuen, 1912

（46）Wright, p. 147.
（47）註（36）に同じ。
（48）Kuck, 1936, p. 4.
（49）Kuck, 1936, p. 3.
（50）Kuck, 1936, p. 24.
（51）オランダ人日本庭園研究者のウィーベ・カウテルト（Wybe Kuitert）が *Themes, Scenes, and Taste in the History of Japanese Garden Art* , Amsterdam, J.G Grben, 1988 で指摘している。
（52）Kuck, 1940, pp. 19-20.
（53）Kuck, 1940, p. 19.

(54) 佐藤昌「外国人の見たる庭園」『園芸学会雑誌』第四巻第一号、一九三三年、八八－一〇六頁。
(55) 針ヶ谷鐘吉「コンドル博士の日本庭園観」『庭園襍記』西ヶ原刊行会、一九三八年、二六－三八頁、引用部分は三七－三八頁。(「コンドル博士の日本庭園観」の初出は『庭園』第一七巻第一号、一九三五年、七－九頁)。
(56) 上原敬二『談話室の造園学』技報堂出版、一九七九年、二一頁。

原田治郎の論文・著作・翻訳一覧

年代	論文・書籍タイトル	編・著者	出版社	掲載雑誌名（ページ数）	
1910	Japanese Temples and their treasures.	原田治郎		International Studio 42 (299-312pp)	
1910	Japanese Art and artists of today: Wood and ivory carving.	原田治郎		International Studio 42 (103-119pp)	
1910	Japanese temples and their treasures（『英文国寶帖』）	内務省	Shinbi Shoin		原田治郎の担当箇所は明記されていない
1910	Kyoto. Issued by Kyoto Exhibitors' Association to the Japan-British Exhibition.	丹羽圭介（京都商品陳列所代表者）	The Kyoto Commercial Museum（京都商品陳列所）		巻末に［The Thanks of the Kyoto Commercial Museum are due to Mr. Jiro Harada, Prof. of Nagoya High Techenical School., Mr. A. Shiomi, Prof. of Nagoya High Techenical School., Mr. F. A. Lombard, Prof. of Doshisha College. For valuable assistance rendered in the preparation of preceeding pages.］
1910	Kyoto. Issued by Kyoto Exhibitors' Association to the Japan-British Exhibition.	丹羽圭介（Kyoto Exhibitors' Association）編	芸艸堂		巻末に［Prepared with the assistance of Jiro Harada and Frank A. Lombard. With plates.］
1911	Old Japanese folding screens.	原田治郎		International Studio 45 (110-122pp)	
1911	Japanese Art and artists of today Ⅵ : Cloisonne enamel-work.	原田治郎		International Studio 44 (271-286pp)	
1912	The Old and New Schools of Japanese painting.	原田治郎		International Studio 48 (231-236pp)	
1912	The Japanese Exhibit at the Esposizione Internazionale di Belle Arti at Rime.	原田治郎		International Studio 46 (68-73pp)	
1912	Gosekku	原田治郎	Japan Society (Great Britain)		
1913	Modern tendencies in Japanese Sculpture.	原田治郎		International Studio 37 (13-20pp)	
1914	Notes from Tokyo: Painted ceder doors	原田治郎		International Studio 巻号不明（229-236pp）	
1915	The Modern development of Oil painting in Japan.	原田治郎		International Studio 55 (270-278pp)	
1916	Cha-no-yo room in the Japanese Garden	原田治郎		International Studio 58 (140p.)	
1916	The fifty-fifth Exhibition of the Nihon Bijutsu Kyokai	原田治郎		International Studio 巻号不明（76-80pp）	

1923	The Japanese Garden.	原田治郎		Studio 84（264-270pp）	
1926	Under-water paintings by Zarh Pritchard	原田治郎		Studio 91（頁数不明）	
1927–1931	Gomotsu jōdai senshokumon; textile fabrics of the sixth, seventh and eighth centuries A.D. in the I mperial household collection.	井上清・原田治郎	東京帝室博物館		井上清（Japanese Text） 原田治郎（English Text）
1928	The Garden of Shoren-in, Kyoto.	原田治郎		Studio 94（261-262pp）	
1928	Visount Shibuzawa's Garden.	原田治郎		Creative Art 2（184-187pp）	
1928	The Gardens of Japan	原田治郎著、Geoffrey Holmes 編	The Studio Limited		
1928～	正倉院御物図録　第 1 － 18 輯 （英文解説 Catalogue of the I mperial treasures in the Shōsōin）	大島義脩など	東京帝室博物館（第 1 － 16 輯）、東京国立博物館（第 17 － 18 輯）		英文解説　Catalogue of the Imperial treasures in the　Shōsinō（vol.1-15）までを原田治郎が担当
1929	Garden-Art in Japan.	原田治郎		Architects' Journal 69（Jan）（162-165pp）	
1929	Masters of the Colour of Print VI Hiroshige	原田治郎	The Studio Limited		
1930	樂浪 Lo-lang: report on the excavation of Wang Hsü's tomb in the "Lo-lang" province, and ancient Chinese colony in Korea	東京帝国大学文学部編	刀江書院		英文要約（English résumé ）原田治郎
1932	English Catalogue of Treasures in the Imperial Repository Shōsōin	大島義脩、原田治郎、正倉院	東京帝室博物館		大島義脩（Japanese Text）、 原田治郎（English Text）
1932	Relics of Han and pre-Han dynasties; catalogue of the exhibition	東京帝室博物館	Otsuka Kogeisha		英文要約等（English resumé of descriptive notes）原田治郎
1934	Examples of Japanese Art in the Imperial Household Museum	原田治郎	東京帝室博物館		
1934–1935	Zuan zu ying hua: tapestries and embroideries of the Sung, Yüan, Ming and Ch'ing dynasties, treasured by the Manchoukuo National Museum	朱啓鈐（中国語）、岡田三郎助、明石国介（日本語）	座右寶刊行会		英語版（English Version）原田治郎
1935	Old Japanese masks（Nihon ko-gakumen）an illustrated catalogue of a special exhibition	野間静六、原田治郎	東京帝室博物館		英文要約（English résumé）原田治郎
1936	The Lesson of Japanese Architecture in Japan	原田治郎著、Geoffrey Holmes 編	The Studio Limited		
1936	Illustrations of Japanese art	原田治郎	国際文化振興会		
1937	A Glimpse of Japanese Ideals: Lectures on Japanese Art and Culture	原田治郎	国際文化振興会		

1937	日本建築及庭園（日本文化講座 第14輯）	原田治郎	帝国教育会第七回世界教育会議日本事務局		
1938–1940	通溝 T'ung-kou	池内宏	日満文化協会（The Japan-Manchoukuo Cultural Society）		英文要約（English résumé ）原田治郎
1939	Japanese WoodBlock Printing	吉田博	三省堂		英訳（Detailed in Japanese to Dr. Jiro Harada who wrote it in English） 原田治郎
1939	Tung-ching-ch'êng: Report on the excavation of the site of the capital	原田淑人・駒井和	東亜考古学会（the Far-Eastern archaeological Society）		英文要約（The English text is a resume of the Japanese text）原田治郎
1940	Painting（Masterpieces of Japanese Art; v. 1 ）	野間精六・原田治郎編 松下孝章監修	日本文化中央連盟		
1941	支那建築装飾 Architectural Decoration in China	伊東忠太	東方文化学院		英文翻訳（English Translation）原田治郎
1948	Sculpture and Art Craft（Masterpieces of Japanese Art; v. 3）	野間精六 原田治郎編	Bunka Kōryū Kurabu		
1948	形物香合 Katamono Kōgō moulded incense-boxes : 144 figures in colour	加藤義一郎			英文要約（English résumé ）原田治郎
1949	The Story of Old Chinese Ceramics	小山富士夫（"Chronological Chart of Far Eastern History" Compiled by Edwin O. Reischauer）	Mayuyam & Co.		英文翻訳（English Translation）原田治郎
1950	The Shōsōin: an Eighth century repository	原田治郎	Mayuyam & Co.		
1953	The Katsura Imperial Villa	堀口捨巳（著）・ 佐藤 辰三（写真）	毎日新聞社		英文要約（English résumé）原田治郎
1956	The Shugakuin Imperial Villa	谷口吉郎（著）・ 佐藤 辰三（写真）	毎日新聞社		英文要約（English résumé）原田治郎
1956	Old Hama Palace Garden.	原田治郎		Stduio 151（April）（pp.102-105）	
1956	The Bonsai Exhibition in Tokyo	原田治郎		Studio 152（May）（pp.150-153）	
1956	Japanese Gardens: Successor to the Gardens of Japan	原田治郎	The Studio Limited		

第四章　庭園をめぐる一九三〇年代の言説空間

1　はじめに

ジョサイア・コンドルが日本アジア協会の機関誌に論文を寄稿した明治一九年（一八八六）以降、来日または長期滞在した欧米人によって、日本の庭の様子は海外へと伝えられた。その後、昭和三年（一九二八）には、原田治郎がのちに突出した頻度で参照される英語による日本庭園論をイギリスで出版した。この頃から、日本人と欧米人の著者による英語の日本庭園論が徐々に増加し始める。英語の日本庭園論が相次いで出版されるようになった一九二〇年代後半から一九三〇年代、日本国内では、明治時代に出版されたコンドルの日本庭園論に対する評価が学術誌に現れ始める。より厳密に言えば、コンドルだけでなく、欧米人の日本庭園論に高い関心が示されるようになり、日本国内の言説に日本庭園の「国際性」がトピックとして頻繁に挙がるようになるのがまさに昭和初期であった。

本章では、この時期に、日本国内で庭園がどのような状況に置かれていたのかを概観した上で、欧米人の日本庭園論に対する関心や日本庭園の「国際性」が、いかに国内の言説で扱われたのかを考察する。西洋からの眼差しに反応し、それに対する「自覚」が芽生えたことが、日本庭園を論じる上でどう作用したのかについて明らかにしたい。まず、明治時代から大正時代については、前近代から近代への変容と継承という観点から、作庭環境や庭園様式に生じた変化、そして庭園教育の確立プロセスなどを中心に考察する。次に、昭和初期に出版された雑誌記事を中心に、日本庭園の「国際性」や欧米人の日本庭園観はどのように捉えられていたのかに検討をくわえていきたい。

2　明治期の庭園

明治時代になると、前近代に作庭された多くの大名庭園や寺院庭園が姿を消していった。その一方で、西洋建築の導入によって、個人が所有するための新しい庭園のあり方が模索されるようになっていく。『作庭記』や『山水並野形図』など古典資料の収集や紹介をいち早くおこない、また、実際の作庭も手がけた小澤圭次郎（一八四二－一九三二）は、『明治庭園記』（一九一五）で、明治時代にいかに多くの庭園が荒廃していたのかの詳細を伝えている。「神仏の混淆廃止」と「朱印地取上」によって、多くの寺院が庭園を維持することが困難な状況になったこと、[1・2]また、帰農帰商を推奨された支配階層が庭園を手放さなくてはならず、生計のために石燈籠や手水鉢、そして植木鉢などを二束三文で売らなければならなかったことなどが切々と語られている。[3]「朱印地」を返還したことによって、京都の庭園の多くは「言語に絶する」ほど荒廃し、その状況は明治三〇年代初期頃まで続いたという。[4]また、明治二〇年代末頃に、古社寺の保護に動き出していた文部省から、当時「図書頭」であった九鬼隆一（一八五〇－一九三一）が、「宝物取り調べ」のために奈良・京都へ訪れた際に、「員外郎」として小澤が調査に加わったことにも触れられている。「宝物巡覧をなすの傍らに、林泉検討を始めたり、都林泉名勝図会を携帯して洛中洛外、各所の人を歴巡周覧したる」[5]とあり、秋里籬島の図会を手がかりに、小澤のガイドによって九鬼隆一の率いる調査団が、京都の庭園を調査してまわったことが記されている。このとき、現在では世界遺産に登録されている龍安寺や西芳寺の「名園」は、「観覧を謝絶」されるほどの状態であったという。(6) ほかに、東京に残った大名庭園の様子や、明治維新後に全国規模で庭園の荒廃が進んだこと、そしてそれが明治三〇年代末頃から一部の庭園については徐々に改善に向かい始めていたことなどが詳細に記されている。小澤の『明治庭園記』は、明治時代に庭園がどのような状況におかれていたのかを伝える数少ない貴重な資料である。また、『明治庭園記』が執筆されたのは大正時代の初期頃であり、明治を回想して記述されていることから、大正時代には、庭園を「保護」したり「保存」したりするための具体的な対策がとられはじめたことをも反映する資料としても位置づけることができるだろう。

3　ジョサイア・コンドルと小川治兵衛

前近代の庭園の多くが荒廃した一方で、明治時代には、これまでにない新しいスタイルの庭園も誕生した。ここでは、ジョサイア・コンドルと小川治兵衛の作庭活動について概観し、近代を迎えた日本で、どのような庭園が求められたのか、そこから何がわかるのかを考えたい。

第一章でも触れたように、イギリス人建築家のジョサイア・コンドルは、工部大学校で建築学を教え、東京国立博物館や鹿鳴館など、西洋の建築スタイルを次々と導入した。しかし、コンドルは、東洋と西洋を「折衷」するスタイルを多用し、「純粋な」西洋建築を好む政府と相容れなくなったともいわれており、活動の軸は、近代日本を彩る官公庁の大規模な建築物から、次第に、私宅の設計へと変化していった。建築家として知られるが、

第一章でも論じたように、欧米人としては初めての体系的な日本庭園論を執筆しており、コンドルが手がけた建築の庭園についても、コンドル自身が配置や地割を担当することもあった。いくつか具体例を挙げてみよう。古河財閥三代目当主虎之助（一八八七－一九四〇）の本宅であった旧古河庭園は、昭和三一年（一九五六）に都立公園として開園し、地下一階、地上二階からなる洋館を中心に、西洋庭園と日本庭園が配されている。竣工は大正六年（一九一七）であり、本館である洋館と西洋庭園はコンドルが、日本庭園は小川治兵衛がそれぞれ担っている。高低差のある土地を活かして、本館南側の斜面の上段にはテラス式庭園があり、下部に池と中島をもつ日本庭園が配されている。テラス式庭園の一段目にある花壇は、左右対称で幾何学的であるのに対して、階段を挟んで方形の植え込みがある二段目の東側に欠けている部分があり、左右対称ではなく、不規則なデザインになっている。この点について、設計図の調査をした仲隆裕（一九六三－）は、下部に広がる日本庭園とのバランスを考慮して、コンドルが意図的に、左右対称を崩したのであって、作庭途中で偶然に変更した意匠ではないだろうと論じている(7)。遡って明治一七年（一八八四）に竣工した有栖川宮邸や北白川宮邸（ともに庭園完成は明治一八年）も、旧古河庭園と同様に洋館を中心としていながらも、池や中島が配された伝統的な日本庭園が広がっており、これらの庭園の配置や地割は、コンドルによってなされただろうと指摘されている(8)。これらの指摘を踏まえれば、実践の場でも活かされるほどに、コンドルには日本庭園の理解と知識があったといっていいだろう。また、コンドルの作品からは、西洋建築である洋館に、伝統的な日本庭園を配するというスタイルが、明治一〇年代後半頃には誕生しており、伝統的な庭園様式を「再評価」するともいえるような現象が、この時期には起こり始めていたことがわかる。

「植治」として知られる七代目小川治兵衛（一八六〇－一九三三）の活躍もまた、まさに、新しい時代に見合う日本庭園の誕生を象徴するものであった。京都の長岡京市の山本家に生まれた源之介は、造園業を営んでいた小川家に一七歳で婿養子となり、明治一二年（一八七九）に七代目「小川治兵衛」を襲名した。植木職人から、近代を代表する作庭家として知られるようになったのは、明治の元老山縣有朋（一八三八－一九二二）の京都の別邸「無鄰庵」の作庭に携わってからである。東山山麓の南禅寺の西側に位置する無鄰庵は、琵琶湖疎水を活かした川がひかれ、芝生の広がる開放的な空間が特徴の庭園である。借景としている東山と同じもみじやアカマツが使われているため、庭園の空間が東山までのびるかのように広がっている。それとは対照的に、芝生の空間を囲うように、周りには高木が植えられており、特に三段の滝が組まれた東側は、まるで鬱蒼とした林のようである。その林を抜けた南東の位置に、茶室が置かれている。茶室からの眺めは、視界が木々で遮られ、母屋からみる景色とは対照的に、まるで、山林のようである。川岸には低く刈り込まれたサツキなどが植えられており、川はいかにも自然に流れているように作られている。こうした空間構成や植栽が無鄰庵の特徴として挙げられるが、もっとも特記すべきは、これまでの伝統的な日本庭園が主に海の景色を表現することを好み、池を配していたのに対して、無鄰庵は、川を中心とした山の風景をモデルにしたことであるといわれている[9]。山の風景をモデルとする庭の誕生は、室町時代から安土桃山時代に成立した茶室まで遡る。それまでの庭園の多くが、海の風景を表現しようとしたのに対して、茶庭の露地は、「市中の山居」を目指して、自らを自然のなかに置くことができるような空間として発達した。無鄰庵庭園の斬新さとは、視界が遮られた山林のような茶庭的な空間と、それとは対照的な見晴らしのよい開放的な空間の両方を兼ね備えたところにある。

無鄰庵の造築にあたって、山縣有朋と小川治兵衛との関係性について、触れておきたい。京都商品陳列所の所長を務めた丹羽圭介（一八五六－一九四一）は、小川治兵衛についての回想記のなかで、山縣有朋との関係性について言及している。山縣は、無鄰庵を作るに当たって、「京都の庭は陰気で仕方がない。わしは陰気でないのをやりたい[10]」と述べ、それまでの京都にはないスタイルを植治に求めていた。

公（山縣有朋―筆者註）は「その石をもう少しこちらへやれ」と云ふ風に、自身草履をはいて指図される人でありましたがかう云ふ時の呼吸には植治は実によくはまるのです。よく芸術にたづさはるもの丶の癖として自分の趣味がかうであるからそれをうごかさないと云ふ風があるものでありますが、小川君の偉ひところは向ふをよく了解し、夫を応用し、活用するので、その点は小川君の長所の長所たるもだと思ひます[11]。

山縣有朋が石の位置にまで指示をだすほどであったことが伝わってくるが、山縣の指示を尊重し、「呼吸」を合わせながらも、指示された以上の庭園を植治が創り出した様子がうかがえる。七代目小川治兵衛の技法と感覚、そしてその人間性が、山縣のもつ美意識をより生き生きと具現化することを可能にしたといっていいだろう。

無鄰庵の作庭に携わったのち、小川治兵衛は、平安神宮や丸山公園などの公的な空間を始めとして、元老西園寺公望（一八四九―一九四〇）の清風荘や住友家第一五代当主の住友友純（一八六五―一九二六）の慶沢園、そして、野村財閥を築いた第二代野村徳七（一八七八―一九四五）の碧雲荘や三菱財閥第四代総帥である岩崎小弥太（一八七九―一九四五）の東京の鳥居坂別邸（現国際文化会館）、そして京都の巨陶庵（現流響院）など、政治や経済界の要人たちの作庭をつぎつぎと手がけ、近代日本における新しい日本庭園の確立にもっとも貢献した作庭家となった。植治は、「立派な人につき合ふのに呼吸がよく解つている人」で、西園寺公や住友、山縣や岩崎らと「親しく膝を交へて話しをき、話しをする」関係であり、かれらからの「信用も厚」かったと丹羽は回想している[12]。「精勤」で「親切に方々の事を世話」し、長男の白楊（保太郎）と「父子」ともに作庭に勤しんでいたという丹羽の談話からは、[13] 七代目小川治兵衛の人柄も伝わってくるようである。

伝統的な様式を踏襲しつつ、新しい植栽や大胆な石組を試み、さらに近代数寄者たちからの厚い信頼を得て、植治は日本庭園史における「新しい伝統」を創造したといえる。植治の活躍には、山縣有朋のように、政治家でありながら文化芸術に通じて鋭い感性と洗練された美意識を持ち、なおかつそれらを具現化する経済力を併せ持った近代数寄者の存在も大きい。経済力と教養を兼ね備えた政財界の人々の数寄者としての側面が、植治の才能を十二分に開花させる重要な環境要因の一つだったといっていい。

以上のように、コンドルと小川治兵衛が活躍した明治中頃とは、急激な西洋化がいったん落ち着き、伝統的な日本庭園に対する、いわば「再発見」の時期であり、伝統を踏襲しながらも、新しいスタイルを創造した時代であった。

4　庭園教育と研究環境の確立へ

つぎに、高等教育機関における「庭園」教育の確立について簡単にまとめておきたい。コンドルや小川治兵衛らが活躍する一方で、植木屋や庭師といった職人たちもメンテナンスや作庭を担う状況が続いていたが、明治時代から大正時代にかけて、高等教育機関に「庭園」に関わる科目が設立されていった。これまで「伝承」されてきた技術や知識は、学校で習得すること、また、欧米諸国から導入された庭園に関する新しい知識の習得が可能になっていった。高等教育機関における「庭園」教育と研究の確立は、日本庭園の「近代化プロセス」を象徴的に示す現象の一つともいえる。

これまでの研究によれば、日本の高等教育機関における初めての庭園に関する講義は、工部大学校（現東京大学工学部）のイギリス人建築家のジョサイア・コンドルによる「造家学」であった(14)。第一章と本章で上述したとおり、コンドルは明治一〇年（一八七七）から工部大学校で建築学を教えたが、講義の一部で庭園についても論じていたという。日本人講師としては、明治二三年（一八九〇）に、宮内省の園芸技師で、新宿御苑や日比谷公園の花壇を手がけた福羽逸人（一八五六－一九二一）が、東京農林学校（のちの東京帝国大学農科大学農学科）で「園芸学」を開講し、その分科として庭園を教えた(15)。

庭園を学問として教える機関が限られていたこの時代、庭園の教育制度や研究環境を整える必要性をうったえる議論がなされている。福羽逸人が園芸学を講じ始める前年の明治二二年（一八八九）、歴史学者であった横井時冬（一八六〇－一九〇六）は『園芸考』を出版し、同著のなかで、「本邦古より、作庭美術に関する完全の著書ある事なし(16)」と述べ、庭園に関して学術的にまとまった文献がないことを指摘している。

この翌年に『図解庭造法』（一八九〇）を出版した洋画家の本多錦吉郎（一八五一－一九二一）は、横井と同様に、庭園の「法規」に関する文献のないことを指摘し(17)、さらに、日本における庭園の教育制度の確立の必要性を説いている。

蓋し古来庭園は実行的一片の者として論理や公法を立つる必要なき者とせし乎聞く欧米各国には建築の科園芸の科とに庭園築造の科目ありて整然たる規定の設けありと本邦今にして此科の設けなきは文明科学の一大欠陥事たり本書の如き固より完全なるものならずと雖も現今此科の欠陥を補うの一端ともならば著者の幸之れに過ぎず(18)。

すでに欧米では、庭園が建築学や園芸学の一部として教育制度に組み込まれていることを引き合いにして、日本においていまだに確立されていないことを、「文明科学の一大欠陥事」と断じている。

横井と本多はともに明治二〇年代に庭園の教育と研究環境の不在を指摘しているが、この二人にはもう一つの共通点がある。それは、二人が庭園を「美術」の一部として捉えていたことだ。横井は上述の引用でも「作庭美術」という語を使っているように、『園芸考』において、一貫して庭園を「美術」として捉えており、美術の一分野として庭園研究が確立されることを期待した。本多も同様に、「山水庭園『ランドスープ、ガアズンニング』の構造は、美術の範囲に属し画学と建築学とに関係せるもの」[19]と述べ、庭園の構造は、「美術」に属すると明言している。さらに「山水庭園」を作庭するためには、「美術の道理に合し天然の雅致を現すにあり」[20]と、「美術」と「天然」の要素を併せ持つことが必要であると論じている。横井と本多のように、明治二〇年代初期には、「美術」の範疇として庭園を捉える向きもあったが、のちに、美術教育において庭園が独立した科目として誕生することはなく、美術の領域の外で庭園は学問として確立されていった。

その後、明治四一年（一九〇八）に東京府立園芸学校（現東京都立園芸学校）において、そして翌年には大阪府立農学校（現大阪府立大学）に「庭園」という科目がそれぞれ創設されている。明治四四年（一九一一）には、先に触れた小澤圭次郎が、東京府立園芸学校で「庭園」の講義を開始している。ほかにも、林学者である本多静六（一八六六－一九五二）は、ドイツへ留学したのち、帝国大学農科大学（後に東京帝国大学に改名、現東京大学農学部）で教鞭を執ったが、日比谷公園の設計に携わったことをきっかけに、林学者も庭園や公園を学ぶことが必要と考え、明治四〇年代に「森林美学」という学科のもとに庭に関する講義をおこなった。しかし、実際には、並木に関する内容が中心であったという。[21]

大正時代に入ると、「園芸」や「庭園」という科目名のほかに、「Landscape Gardening」の訳語としてうまれた「造園」という名称が使われるようになり、「造園学」という学問領域が誕生する。大正五年（一九一六）から東京帝国大学農科大学で開講されていた「景園学」は、大正七年（一九一八）に「造園学」へと名称変更され、翌年九月には、東京帝国大学農学部農学科と林学科に正式科目として開講された。一方、同じ年には、同大学工学部建築学科に「庭園学」が設置されている。[22] さらに、大正一三年（一九二四）に林学博士の上原敬二（一八八九－一九八一）が中心となり、東京高等造園学校（現東京農業大学農学部造園科学科）が創立された。翌年には、上原のほか、庭園研究者の龍居松之助（一八八四－一九六一）や東京市の公園課長であった井下清（一八八四－一九七三）らが中心となり、日本造園学会が設立され、「造園学」が確立されていった。

上述のように、高等教育機関において、庭園は、園芸学と農学、そして建築学などの分野で、それぞれ科目が設立され、とくに園芸学や農学の流れを汲んで「造園学」が誕生した。明治二〇年代に持ち上がった「美術」としての庭園の教育や研究は実現に至らず、日本における庭園に関する教育や研究は、園芸学と農学を基幹とした造園学を中心に発展した。

5　欧米からの眼差しへの「自覚」の芽生え―予兆としての一九二〇年代

一九二〇年代に「造園学」が誕生し、関連する教育機関や研究機関が整備されるなかで、学会誌など新しいメディアを通じて、これまで以上に庭園に関する言説の往還が活発になっていった。一九三〇年代になると、茶道や華道など趣味に関連する雑誌の刊行も増え、庭園はそうした趣味雑誌においても、トピックとして頻繁に取り上げられている。以下では、学会誌や趣味雑誌などを中心に考察し、日本庭園への関心が欧米で高まっていることが、どのように捉えられていたのか、日本国内の反応の諸相について明らかにしたい。

一九世紀末にウィーンで開催された万国博覧会で日本の建築とともに庭園が披露されて以降、ヨーロッパでは、日本庭園に対する関心が高まっていた。これは、コンドルの日本庭園論が出版された時期でもある。欧米諸国で、日本庭園に多くの関心が集まっていることは、既に明治三八年（一九〇五）頃には、日本国内に伝わっていたという。(23) しかしながら、こうした情報は限定的に共有されているに過ぎず、日本庭園の「国際性」が専門家達による言説空間に現れ始めるのは、ちょうど「造園学」が本格的に始動する一九二〇年代からであり、新聞や雑誌などのより広い層に向けたメディアで扱われるようになるのは、一九三〇年代に入ってからであった。一九三〇年代になると、庭園を通じた国際交流がより一層活発になっていく。

造園学の草創期に重要な役割を果たした上原敬二（一八八九－一九八一）と戸野琢磨（一八九一－一九八五）は、それぞれアメリカに留学し、一九二〇年代の北米における日本庭園への関心を、実際に見聞している。上原敬二は、東京帝国大学農科大学林学科を卒業後、明治神宮造営局に就職するが、再び研究の道を志し、大正七年（一九一八）には、日本庭園協会の発足に携わった。大正九（一九二〇）年四月に林学博士を取得した後、七月から翌年一一月に、造園学を学ぶためにアメリカへ私費留学している。大正一三年（一九二四）六月に東京高等造園学校（現東京農業大学造園学部）を設立して初代校長に就任、そして翌年四月に社団法人造園学会（現日本造園学会）を創立した。(24) まさに、造園学の確立を支えた中心的な人物である。戸野琢磨は、北海道大学農学部で学んだ後、コーネル大学大学院造園建築科へ留学し、大正一〇年（一九二一）六月に、「抜群の成績」をもって卒業、同校からの推薦をうけてイタリアへ留学、大正一二年（一九二三）に帰国した。帰国後は、早稲田大学建築科で造園学を教えると同時に、日本で初めての造園設計事務所を銀座に立ち上げ、アメリカ大使館の設計に携わるなどして活躍した。昭和二四年（一九四九）から昭和三六年（一九六一）まで、東京農業大学造園科で教鞭をとった。戸野は、American Society of Landscape Architectsの会員であり、ブルックリン植物園にある日本庭園などの設計も手がけている(25)。

上原のアメリカ留学の目的は、造園学と公園事業を学ぶことであった。上原はアメリカ留学中の様子を東京日々新聞（現毎日新聞）に連載し、現地の自然公園や国立公園の現状を伝えた。博覧会を契機として北米で日本庭園への関心が高まり、日本庭園の造営が流行している様子を次のように述べている。

> 太平洋沿岸一帯と大西洋沿岸では、ボストン、ニューヨーク、フィラデルフィア、ワシントンの重要都市及びシカゴを中心とした中部諸州には色々な程度の日本庭園が築造されてある。中には可成り優秀なものもあるがまず大多数は卑俗見るに堪えず(26)。

アメリカの主要都市に、次々と日本庭園が造築されている様子がわかるが、それらの庭園について上原は、そのほとんどが「卑俗」であり、見るに堪えないほどであったと酷評している。だが、少ないながらも、「可成り優秀なもの」があるとも述べ、一部、例外があったことが示唆されている。しかしながら、上原は「卑俗」と「優秀なもの」の基準を明示しておらず、どの庭園がどのようにみなされたのか、その内実を特定するためにも、同時代の言説や背景などをさらに考察していく必要がある。一部の例外を認めつつも、欧米諸国の日本庭園ブームについては、概して批判的であるという意見は、一九二〇年代後半から、日本国内で徐々にさまざまな媒体に現れるようになる。

アメリカでの日本庭園の流行について、戸野琢磨も上原と似た感想を示している。戸野は、「米国に於けるジャパニーズ・ガーデン」（一九二五）という論文で、アメリカでは「思った以上に東洋趣味が歓迎されて居る」ことに驚きながら、ミシガン州ミッドランドの石炭工場の所有者であるH. H. Dow（生没年不詳）氏の私宅に造られた日本庭園について報告している。所有者のDow氏には、来日の経験があることが記されているが、履歴等については不明である。四五〇エーカーという広大な土地に作られた日本庭園は、Dow氏自身が指揮して造営したという。邸宅の南側にはプールがあり、そこに配された石や洋式の花鉢を描写した戸野は、その様子を「バタ臭いところを脱しません」と評している（図18）。さらに、電力ポンプを使って設置された大きな滝の周囲に配された石組みや植え込みについても、「自分（戸野―筆者註）が行って変更しました」と伝えている（図19）。プールと反対の北側には芝生が植えられ、その先の池には白鳥が遊泳していたこと、また池には、持ち主の工場で使った石炭の屑でつくった橋がかけられおり、橋脚には白い花をつけるス

図18

図19

パイリアやバンホウテ、そしてシダが青く広がっていたことなどを報告している。Dow邸の庭園を例に、戸野はアメリカ人の日本庭園理解について次のようにまとめている。

要するに日本庭園の精神を移し得るならば先ず成功かと思います。勿論中には純日本式でなくては満足が出来ないと言うので、非常に渋いものを喜ぶ人もありますが多くは色々の置物彫刻を配列し、或は調和のとれない立派な茶室を建てたり、随分思切った派手な事をやりたがるものです。金の力を見せたがるアメリカ人には無理ない事かもしれませんが、渋いとか良く味あえば益々甘味が解る式の日本趣味は、アメリカ人に知られる迄には余程時間と障害のあるのは逃れ得ない事と思います。(27)

アメリカ人には、「日本庭園の精神」や「渋い」や「良く味あえば益々甘味が解る式の日本趣味」を理解することは難しいという見解を示しながらも、例外的に、「純日本式でなくては満足が出来ない」人、「非常に渋いものを喜ぶ人」がいると指摘する点は、先の上原と共通している。上原敬二も戸野琢磨も、一部の例外を認めつつも、概してアメリカ人の日本庭園に対する理解は十分でないとみなしていた。二人の報告は、それまでの造園学の確立や庭園の保存という問題とは異なる関心が一九二〇年代に胎動していく様子を示している。この頃から、日本庭園を国際的な文脈に位置づけ、欧米人が理解しているのか、していないのかという問題が、日本人研究者たちのあいだで、盛んに言及されるようになっていく。上原と戸野は、優秀な庭園とそうでない庭園、理解しているアメリカ人とそうでないアメリカ人という判断基準を明示していなかったが、次第に、何をもって日本庭園を理解するとみなすのか、また、日本庭園の独自性とはどのようなものなのかは、欧米からの眼差しを自覚しつつ、国内の言説空間で議論の対象となっていく。

6 「欧米人」には理解できない「日本庭園」——一九三〇年代へ

次に、一九三〇年代の庭園に関わる国際交流事業や言説を通じて、日本庭園の「国際性」がどのように論じられたのかを考察したい。欧米の庭園研究者や親睦団体が来日し日本庭園を訪れるなど、一九三〇年代に入ると、庭園に関連する国際交流事業はそれまでにないほど活発になり、それが新聞などのメディアで報じられた。つまり一九三〇年代とは、日本庭園が国際的な関心を集めているという様子が、一般の人々にもひろく共有されるようになった時代であった。

一九三〇年代には、欧米で開催された万国博覧会に、あいついで日本庭園が造営されている。昭和五年（一九三〇）にリュージュで開かれたベルギー独立一〇〇年記念産業科学万博では、龍居庭園研究所理事であった五味貞吉（生没年不詳）が設計を担当し、また、昭和八年（一九三三）のシカゴ市制一〇〇周年記念の万博では、後に公園行政に貢献した井下清と龍居庭園研究所のメンバーらが設計を担当して、それぞれ日本庭園が造られた。そして昭和一四年（一九三九）にニューヨークで開かれた初代米国大統領就任一五〇周年記念博覧会と同年サンフランシスコで開催されたゴールデン・ブリッジ完成記念博覧会では、田村剛（一八九〇–一九七九）が設計、そして斎藤勝雄（一八九三–一九八七）らが施工を担当して、それぞれ日本庭園が造られた。一九三〇年代には、日本人が設計も施工も担当した日本庭園が、欧米の万博で「出展」されたのだった[28]。これらの日本庭園が好評を博したことは、日本国内で、ただちに新聞などを通じて広く伝えられた。すでに明治時代に、欧米で開かれた万博では日本庭園が「展示」され、好評を博し、一九世紀末のヨーロッパで日本庭園への関心が高まるといった現象がおこったが、そうした事実は、当時、一部の研究者以外にはほとんど知られていなかった。一般紙などを通じて、日本庭園に対する欧米人の関心が高いという現象が広く日本国内に知れ渡ったのは、一九三〇年代の特徴である。

次に、昭和七年（一九三二）、マサチューセッツ州立大学の教授で造園家のフランク・ウォー（Frank Albert Waugh 一八六九－一九四三）が来日したことに触れておきたい（図20）。フランク・ウォーは、アメリカにおける造園学の草創期に*Book of Landscape Gardening*（一八九九）を出版したのち、国有林の整備・活用などの行政に携わり、その後、大学で造園学を教えた。アメリカ人造園学者ウォーの来日は、造園学会や日本庭園協会の機関誌で広く取り上げられ、ウォーの動向や日本庭園に抱いた印象が逐一記事となるほどであった。ウォーは実際に訪問した庭園について、「小さい」「屋内は簡素だが、庭園は装飾物が多く混み過ぎている」「石が多く使われている」「慎重に選んだ一定の位置から眺めるように設定されている」「二次元的な写真や絵画に近い」などの印象を抱いたことを、『造園研究』に印象記として寄せている。[29] こうしたウォーの印象に対して、同行した造園学者の田村剛は、次のように述べている。

図20　フランク・ウォー（左）、井下清（中央）、上原敬二（右）

日本庭園はきわめて少数の外人によつてのみ理解されかけているにすぎない。私は昨年日本庭園の視察を了られたウォー氏に接して、そのあとでも同様な物足りなさを感じた程である。[30]

田村は何に「物足りなさを感じた」のだろうか。ウォーが日本庭園について、専門的、あるいは学術的な言及をせず、一般的な感想を述べたに過ぎない点に、そう感じたのか、上の発言だけでは推察することしかできない。「少数の外人」という例外があるものの、ほとんどの外国人が日本庭園を理解しておらず、ウォーはその「例外」ではなく、ほとんどの外国人同様、庭園を理解していないことに対する落胆を、田村は隠しきれないでいる。田村は、「これまでの日本庭園を如何にしてよく外人に理解せしむるべきかに就いて攻究して欲しい」[31]とも続けており、一部をのぞいて多くの外国人が日本庭園を理解していないため、理解を助けるための努力が必要であると、先述の上原と戸野と同様に訴えている。ウォーが日本庭園を十分に理解しているわけでないと感じていたのは、田村だけではなかった。造園学を講じた針ヶ谷鐘吉もまた、ウォーの来日について次のように論じている。

最近来朝されたウォー氏は「日本庭園は日本人によつて紹介せらるべきを期待する」と謙譲な辞を述べられた由である。併し之は強ち謙遜した言葉とばかりは言へぬかも知れない。何故ならば江戸時代の回遊式庭園のごとく割合写実的なものは外人によつて理解し易い様であるが、最も芸術的香の高い象徴的なものに至つてはかなり難解と思はれるからである。余は彼の京都にある室町時代の諸名園の醸し出す幽玄な味、韻律的な石の配置、苔蒸した蹲踞の風韻等を感受性を異にする彼等が自ら味ひ得るや否やをあやぶみ、斯様な日本庭園の本質的なものを彼等に紹介するのは矢張我々でなければならぬことを常に思う。本誌が京都庭園特輯号を発刊するにつけ益々此の感を深くする。我々は日本庭園の粋たる京都の諸庭園を愈々深く研究し、以て日本庭園の芸術的真価の那辺に存するかを闡明すると同時に、外国人をして日本庭園の本質を誤り伝へしめぬ様切に希うものである。[32]

右の引用からは、針ヶ谷にとって、ウォーも、日本庭園を理解していない外国人の一人であったことが伝わってくる。では、針ヶ谷は、何をもって、日本庭園を理解しているとみなし、日本庭園の「本質」をどう捉えていたのだろうか。

針ヶ谷は「日本庭園の本質的なもの」として、「京都にある室町時代の諸名園の醸し出す幽玄な味、韻律的な石の配置、苔蒸した蹲踞の風韻」などを挙げている。さらに日本人がこの「本質」を正確に学び、自ら外国人達に「紹介」する必要があるという。日本の中世に作られた京都の庭園が芸術的でかつ「象徴的」であるのに対して、江戸時代の回遊式庭園は「写実的」であり、よって、室町時代の庭園に比べて江戸時代の庭園は芸術性に乏しいと位置づけている。また、「日本庭園の本質」を外国人に間違って伝えてしまうことへの危惧も示されているが、針ヶ谷は別の論文で江戸時代の庭園を中心に日本庭園論を著したコンドルを批判している(33)。したがってここには、江戸時代の庭園を中心に扱ったコンドルを改めて批判するのと同時に、コンドルが多くの欧米人に「悪」影響を及ぼしたことへの批判が示唆されているといえるだろう。

針ヶ谷にとって、コンドルが理解し得ず、また、多くの欧米人もまた理解できない日本庭園の「本質」とは、京都の庭園をその芸術性において頂点とみなすような庭園観によって形成されたものであった。針ヶ谷が示したこうした庭園観は、その後、外国人の日本庭園理解が十分であるか否かを判断する「基準」としての役割を担うようになっていく。針ヶ谷のように、日本庭園の「本質」と室町時代に作庭された京都の庭園が、徐々に結びついていく過程が一九三〇年代の言説から浮かび上がる。

ウォーの来日より三年前の昭和四年（一九二九）七月に、アイオワ大学造園学教授のエルウッド（Philip H.

Elwood 一八八四－一九六〇）率いる一行が来日し、東京や京都の庭園を訪れている[34]。エルウッドは、当時、日本人研究者達に影響力をもった *American Landscape Architecture*（一九二四）の著者である。江戸時代の豪商、紀伊国屋文左衛門の屋敷跡で、明治時代には岩崎弥太郎の所有でもあった清澄庭園で歓迎会が開かれ、祝辞を述べたのは、造園学の設立に中心的な役割を果たした上原敬二であった。エルウッドの日本庭園に対する印象が、アメリカの *Landscape Architecture* 誌（一九三〇年四月号）に掲載され、日本では、その記事の概要が報告された。「海外の造園学者の眼に日本庭園が如何に映じたかを知る一端になり得る」という理由から、エルウッドが記した日本庭園の特徴が「十一箇条」として和訳され、『庭園と風景』誌上に紹介された[35]。エルウッドの挙げた十一箇条には、「家と庭とが完全に統一され結合されている」や、「春は梅に桜、次は菖蒲、藤、次はツツジ、次はムクゲに菊、そして楓の紅葉と云う風に季節の効果を考えていること」などが並んでいるが、この記事はエルウッドの印象を単に和訳したのみで、かれの日本庭園に対する理解の深度については一切触れられていない。管見の限り、エルウッドが日本庭園を理解したかどうかについての論考はほとんど見出すことができず、ウォーに対する反応とは対照的である。エルウッドとウォーの来日にはわずか三年ほどの違いしかないにも関わらず、なぜ、これほどまでに反応がちがうのだろうか。その要因を特定することには限界があるが、エルウッドが来日した一九二〇年代と比較して、一九三〇年代に外国人の日本庭園観に対する関心が、急速に高まったこと、そしてその関心を物理的に共有可能にする各種雑誌というメディアの普及もまた急速に整っていったことなどが考えられる。

次にみるアメリカン・ガーデン・クラブが来日したのは昭和一〇年（一九三五）であり、この頃になると、外国人の日本庭園理解に対して、日本国内ではそれまでにないほどの関心が示されるようになっていた。外国人がどのように日本庭園をみるのかという関心が、日本国内で高まっていたことを象徴的に示す一例として、アメリカン・ガーデン・クラブの来日についてまとめたい。

7　アメリカン・ガーデン・クラブの来日

昭和一〇年（一九三五）五月に、近衛・徳川両公爵の招待により、アメリカン・ガーデン・クラブのメンバー百数十人が来日した（図21）。案内役は、団伊能（一八九二－一九七三）が務めた。アメリカン・ガーデン・クラブは、大正三年（一九一三）にアメリカの庭園愛好家たちが、庭園に関する知識の普及や郷土植物・動物の保護、都市緑化を奨励することを目的として発足した団体である。一見、庭園史における交流事業の一環に過ぎない出来事にみえるが、エルウッドやウォーと比較して、アメリカン・ガーデン・クラブの来日は、一般誌に取り上げられるほどの注目を集めていた。日本人の庭園研究者もまた大きな関心を示したことは当時の各種雑誌記事から横断的に確認できる。アメリカン・ガーデン・クラブへの日本人研究者の反応は、当時の日本人の庭園研究者たちが

図21　アメリカン・ガーデン・クラブの来日を知らせる報道
（すべて東京朝日新聞）

図21-1
昭和10年(1935)5月8日

図21-2
昭和10年(1935)5月14日

三溪園を觀賞

ガーデン・クラブ一行入京

図 21-3　昭和 10 年(1935)5 月 14 日

庭園交歡の饗宴

図 21-4　昭和 10 年(1935)5 月 15 日

神宮内苑の森嚴

庭園クラブ一行が讃歎

一同は

百姓家

図 21-5　昭和 10 年(1935)5 月 15 日

華道の極意は御承知

『庭園拜見團』に生花實演

アメリカ・ガーデン・クラブの一行を喜ばせるために帝國ホテルの中二階には去る十三日から諸流の生花が陳列されてゐたが十八日午後八時から一行に日本華道の極意を教へようと在京のお師匠さん達が腕によりをかけて生花の實演を行つた、なまじ外人向きにとくつした花は挿てお氣に召さない

「日本の華道は如何ですか?」

「オヽ何と素晴しいことでせう」

私共がアメリカでお花の講習會を開いて日本の花のお稽古を……とは思へませんでしたワ、アメリカの家には床の間はありませんけれども、小さいテーブルの上に飾つてもよし、玄關の大きなホールに飾つても結構です、日本の花の好きな方で特に家中に花を飾るやうに造つてゐる方もある位です」

投入れ等より流儀花の前が大人氣

「結局お花も線の感覺ですワ」と華道の極意は先刻御承知の様子だ

図 21-6　昭和 10 年(1935)5 月 19 日

共有していた欧米人の日本庭園理解に対する認識が集約されているともいえる。

アメリカン・ガーデン・クラブの来日に向けて、日本では入念な受け入れ準備が進められた。来日前には、米国庭園協会招待委員を発足し、接待にあたる「名流婦人」や「令嬢」をあつめて、造園学の専門家たちをまねいた勉強会をひらくほどであった[36]（図21-1）。作庭家で研究家としても知られる重森三玲（一八九六-一九七五）は、代表を務めていた京都林泉協会から、日本の一〇〇庭の写真をあつめて、アメリカン・ガーデン・クラブの一行に寄贈し[37]、また雑誌『林泉』に「日本の庭園」と題した概論を同団体のために執筆している。さらに造園学者の田村剛による *Art of the Landscape Garden in Japan*（一九三五）とロレイン・カック（Lorain Kuck 生没年不詳）の *One Hundred Gardens in Kyoto*（一九三六）も、アメリカン・ガーデン・クラブの来日に合わせて出版された。田村の著作については次章で詳細を論じるが、英語で出版されたのち、ドイツ語とフランス語にも訳された[38]。

同団体を受け入れることについて、万全な準備を整えようとしていたことは、次の重森三玲の発言からもうかがうことができる。

この一行がどの程度まで日本庭園の正しい理解をもつているかは不明ですが、兎も角日本庭園の為めには結構なことに相違ありません。願はくばより正しい理解をこの一行に与へたきものと存じます[39]。

「正しい理解をもつているか不明」という表現には、重森が一行の理解について懐疑的であったことも暗示されるが、それ以上に、一行の来日を「結構なこと」と捉え、「より正しい理解」へ導くことの可能性を重森は十分に感じていたといえる。一方、上原敬二は、「果たしてその人々の頭脳の消化力、咀嚼力が深奥なる我が庭園の秘諦までも理解し得るや否やこれは疑問である」と記しており[40]、一行の理解に対して、重森と比較すると、より懐疑的であったことがわかる。

アメリカン・ガーデン・クラブは、東京や日光、そして名古屋や京都のほか、大阪や琵琶湖周辺を訪れている。参加者たちは、「絵画的」、「人工的で不自然だが美しい」、「京都の古い庭園にくらべ、東京の庭園は理解し易いが日本らしさに欠ける」、「日本の庭園は世界の文化の諸相において独特である」、「日本庭園をアメリカ人が愛せるかどうかは疑問である」、「日本人は自然に対して思想をもつ」、「石に表現がある」等の印象をもったという[41]。これらの印象は、案内役であった団伊能が『庭園と風景』で報告したもので、原文には専門的な用語がつかわれていたのか否かなど、団の翻訳には検証の余地が残されているともいえる。しかし総じていえば、一行は、専門的なことに言及することはほとんどなく、全般的に好意的な印象をもっていた。

アメリカン・ガーデン・クラブが好印象を表明したにもかかわらず、「趣味の異なるヤンキーの賞賛などはとるに足らざる」[42]という反応を示した人物もいた。これは、浄土宗の僧侶で仏教史学者の井川定慶（一八九八－一九七七）が『林泉』で述べた言葉である。好意的な感想をもつことに対してさえ、批判の滲むコメントがなされており、日本庭園には、「ヤンキーの賞賛」では、表現しきれない価値や独自性を備えているという主張が暗示されているようである。井川のように、造園学者や研究者などの専門家だけでなく、その周辺に位置するともいえる「知識人」たちが、欧米人の日本庭園観に言及するようになることも、一九三〇年代的な特徴の一つであった。そこで以下では、外国人の日本庭園理解についてどのような見解が示されていたのか、専門家たちだけでなく、周辺に位置するいわゆる「知識人」たちも含めて考察し、その諸相を明らかにしたい。

8 「国際性」と「独自性」の相克

すでに一九二〇年代に上原敬二や戸野琢磨に予兆されていたように、一九三〇年代になると、さらに多くの日本人研究者たちが、さまざまな媒体において、欧米人の日本庭園理解に対して懐疑的な見解を示すようになった。日本庭園が国際的に評価されるようになったことへの自覚と、それにも関わらず外国人の日本庭園への理解が十分でないことに対する不満が混在していた様子を示す顕著な例として、造園研究や都市計画論で知られる佐藤昌（一九〇三－二〇〇三）の発言をとりあげたい。佐藤昌は、公園の造営や緑地保全といった近代日本の都市計画において、中心的な役割を果たした人物である。東京帝国大学農学部農学科を卒業後、建設省に勤め、その後、東京農業大学や早稲田大学理工学部で教鞭を執り、日本公園緑地協会の副会長や造園学会の会長にも就任している。佐藤は、日本庭園の人気が国際的に高まってはいるが、その理解はけっして十分ではないと感じていた。

日本庭園は支那庭園に代わつて、ケンペル等の来朝以来、近来殊に盛んに研究され今日に於て、E.S. Morse、J.Conder、Mrs. Taylor、Piggot、Cane、C. B. Luffmann 等の大著の外、庭園書には必ず専門家の一言を付加して居る。然し残念な事には彼らの観察する所多くは甚だ当を失していて、真の日本庭園を語るものがないのは残念な次第である。(43)

上述の引用の人物のうち、ケンペルとラフマンを除いた全員が、コンドルの論文、もしくは著書を参考文献として挙げている。「Morse（モース）」は、明治一〇年（一八七七）に来日したアメリカの動物学者で、大森貝塚の発見者としても知られている。第二章でも触れたように、モースは、明治一九年（一八八六）に *Japanese Homes and Their Surroundings*（『日本人のすまい―うちとそと』）を執筆し、第六章を「Garden」として庭にあてている。「Mrs. Taylor（ミセス・テイラー）」は、大正元年（一九一二）に出版された *Japanese Gardens* の著者であり、「Poggot（ピッゴト）」とは明治二五年（一八九二）に出版された *The Garden of Japan: A Year･s Diary of its Flowers* の著者である。「Cane（ケーン）」とは、明治四一年（一九〇八）に *The Flowers and Gardens of Japan* を出版した Florence Du Cane（フローレンス・ドュ・ケーン）、そして「C.B. Luffmann（ラフマン）」は、大正九年（一九二〇）に出版された *The Harvest of Japan* の著者である。モース以外、詳しい経歴は不明であるが、それぞれのアプローチで日本の庭について言及している。佐藤は、かれらを一括りにして、一人の例外もなく全員が、日本庭園の理解について「甚だ当を失して」と断じ、「真の日本庭園を語るものがない」と結んでいる。しかしこの論文では、「真の日本庭園」とは何か、これ以上、言及されていない。この論文から二年後に出版された「外国人の見たる日本庭園論」（一九二二）という論文のなかには、佐藤が、「真の日本庭園」をどのように想定していたのかのヒントをみつけることができる。

佐藤は、「外国人の見たる日本庭園論」（一九二二）の中で、上述の人々を含む一七世紀から一九二〇年代までの欧米人による日本庭園論を改めて詳細に分析し、ほとんどの著者に対して批判的な見解を示している。(44) 佐藤の批判は、特に、一九世紀末以降の欧米人の日本庭園理解が、コンドルの *Landscape Gardening in Japan*（一八九三）から派生しているという点に向けられていた。すなわち、コンドルが近世の文献を参考にしたこと、それが多くの欧米人の日本庭園理解に影響を及ぼしたことを厳しく指摘している。多くの外国人が日本庭園を理解できないとみなしていた佐藤は、次のような提案をしている。

世界造園史より見るも、日本庭園といふ一つの様式が完全に成立して居り我々の誇るべき東洋芸術である。尤も一つの芸術の鑑賞は全く主観問題であつて、殊に通りすがりの瞥見では穿つた観察或はその真髄を把握する事は不可能な事は当然である。外国人の観た日本庭園観も或は大部分妥当を缺くものかも知れないが、民族的感情を除いた欧米式な審美的観察を下して居るものなきにしもあらず、例えば仏教美術に於けるフェノローサの如き人が居ないとも限らない。故に日本庭園の真髄を理解さすべく彼等が容易に陥り易い欠点を知り、又遂に我々の気の付かなかった点を覚る事も一研究であり興趣ある事であらう。かくして今迄の日本庭園観を清算し新たなる真実の日本庭園観を観光国日本として用意すべきは今が丁度好時期の様な気がしてならないものである。(45)

佐藤は、外国人の日本庭園観は、「大部分妥当を欠く」ため、日本人が「真実の日本庭園観」を準備しなければならないと説く。そのためには、欧米人が「容易に陥り易い欠点」を整理し、その作業を通じて「我々の気の付かなかった点」を明らかにする必要があるという。ここで、佐藤が「フェノローサ」を挙げている点に着目したい。アーネスト・フェノロサ（Ernest F. Fenollosa 一八五三－一九〇八）は、明治一一年（一八七八）に来日し、東京大学で哲学や政治学など教え、のちに、教え子であった岡倉天心（一八六三－一九一三）とともに日本の美術行政、文化財行政の礎を築いた人である。廃仏毀釈で破棄されたり、海外に流出したりする危機にさらされた古美術の調査にあたり、法隆寺夢殿の「救世観音像」を開陳したエピソードは、あまりに有名である。フェノロサは、日本美術の価値を高く評価し、海外にそれを伝え、のちにボストン美術館の初代東洋美術部長に就任している。上の引用からは、佐藤が、フェノロサについて、日本の仏教美術の価値を「発見」した欧米人とみなしていたことがわかるが、ここでフェノロサの日本美術観を改めて確認しておきたい。フェノロサは、仏教美術はもちろん、とくに室町時代に起源をもつ狩野派に優れた芸術性を見出し、明治時代に「日本画」の確立に貢献した狩野芳崖（一八二八－一八八八）を高く評価した。ほぼ同時期の一九世紀末、浮世絵もまた欧米の芸術家や批評家に人気が高かったことから、フェノロサもそのうちの一人と混同されることがあるが、フェノロサの浮世絵に対する評価は、のちに若干の修正がなされるとはいえ、概して高くはない。特に、パリにおける北斎ブームなどについては、批判的な態度も表明している。室町時代から継承された芸術性を頂点とみなし、江戸時代の浮世絵がもつ大衆性をその対照とみなすというフェノロサの日本美術観は、近世の作庭書を参照したコンドルを批判し、江戸時代の回遊式庭園が、室町時代に作庭された京都の寺院庭園にくらべて外国人にわかりやすいという一九三〇年代に造園学者たちが示した庭園観と重なり合う。

ただ、佐藤がどこまでこうした美術観を自覚し、フェノロサの名前を挙げたのかを断定することは難しい。しかしながら、一九三〇年代になると、中世から伝わる芸術性が、とくに京都の寺院庭園に備わっており、その芸術性に欧米人の理解が及ばない、また、江戸時代の回遊式庭園ならば、外国人にもわかるだろうといった認識が、至る所で表明されるようになった。

コンドルが江戸時代の作庭書を参照したことを批判し、かれは日本庭園を理解していなかったという認識に立脚し、欧米人全般の日本庭園理解に懐疑的であったのは、佐藤だけではなかった。造園学者であった針ヶ谷鐘吉（一九〇六－？）は、「コンドル博士の日本庭園観」（一九三四）で、コンドルを始めとする欧米人たちが理解できないものとは何かという点に、より踏み込んで言及している。

日本の古美術や浮世絵の眞価は欧米人によつて見出され、我国の人々は彼等の説を聞くに及んで漸く其の芸術的価値に目覚めた。然るに日本の庭園芸術に至つては、国土風習を異にする欧米人にとつて甚だ理解し難い存在であることを博士（コンドル―筆者註）は認めたのである。即ち博士の所謂「好ましい空想を豊かに暗示する」といふ言葉は禅道や俳句の持つ幽玄味、或は茶の精神を意味するものでなくてはならない。而して之は彼等の容易に入り難い悟道の世界である。(46)

おそらく「日本の古美術や浮世絵」の価値を見出した「欧米人」に、フェノロサが含まれていると考えていいだろう。日本美術におけるフェノロサのような理解者がいるかもしれないと、わずかな可能性に触れた上述の佐藤とは異なり、針ヶ谷は、欧米人は古美術や浮世絵の価値は理解できたとしても、庭園の「芸術性」を理解することはできないという見解を示している。針ヶ谷は、コンドルを含む欧米人に理解ができない「日本の庭園芸術」とは、「禅道」、「俳句の持つ幽玄味」、「茶の精神」であり、すなわち、仏教の教えを悟ってはじめて会得できるものであると結んでいる。「禅道」や「茶の精神」という選択からは、中世から継承された芸術性を暗示するものといえるが、「俳句」に至っては、明治二〇年代以降に正岡子規によって普及した名称であり、もとは俳諧連歌の発句が、江戸時代に松尾芭蕉によって発展し、成立したものである。また、「幽玄」とは、一般には中世に発展した美意識を指すため、針ヶ谷が並立した「禅道」と「茶の精神」、そして「俳句の持つ幽玄味」とは、時代的なずれがあり、中世の美意識を意味しているとは言いがたい。ただ、造園学に属する針ヶ谷が、日本庭園を、宗教や文芸、さらに茶の湯といった中世以来続く日本の「芸術文化」の領域に位置づけ、その点こそが、外国人に理解し難いと感じていたことは明らかである。

佐藤や針ヶ谷のように、一九三〇年代当時、多くの庭園研究者たちが、欧米人は日本庭園を理解していないという認識を表明している。こうした言説はまた同時に、欧米人が理解し得ない「日本庭園の独自性」とは何かを言語化し、規定するプロセスそのものでもあった。造園学者で園芸学や庭園学を教えた丹羽鼎三（一八九一－一九六七）は、外国人が理解できない庭園とは、どのようなものであったのか、より具体的なイメージを想定していた。

写意の庭園を味ひ賞するには、少くとも、禅宗や水墨画に関し、理解を持つことが、便利である。従つて、日本の文化に理解浅き、多くの欧・米人には、写意の庭乃至、之に近い所謂形似上の味の深い庭園は、理解甚だ困難なるか、或は、遂に理解し得ない場合が、多い様である。(47)

上の引用で丹羽鼎三は、欧米人には理解にしにくい庭園を「写意の庭園」と表現している。では「写意の庭園」とは、いったい何を指すのだろうか。ここで、丹羽による日本庭園の分類について簡単に触れておきたい。丹羽は、日本庭園は、「整形庭園」と「写景庭園（風景庭園）」、そして「写意庭園」の三つに大別している。日本には「整形庭園」は存在しないはずであるが、丹羽は、神社の参道から拝殿までの区域と、仏教寺院の山門から法堂までの区域が左右対称であることから、これらをヨーロッパで発達した「整形庭園」に該当する日本の「整形庭園」であると位置づけた。「写景庭園」とは、「林泉庭園」と「縮景庭園（借景を含む）」、「眺望庭園」、

「露地庭園（茶庭を含む）」などを指す。そして、「写意の庭園」を、「作庭者の意想が、非写実的意匠乃至手法を借りて表現せられ、観者はその庭園の風趣・風韻を味ふと同時に、其所に具体展開せる景観を超えて、或る想像の境地に導入せらるるが如くに、築造せられたる庭園」[48]と定義し、写意の庭園は、「枯山水庭園」は、水を使わずに風景を表現する様式であるが、「吉祥庭園」とは、「吉祥庭園」に分類されるという。「枯山水庭園」は、水を使わずに風景を表現する様式であるが、「吉祥庭園」とは、「吉瑞慶祥を象徴する」もので、「蓬莱庭」と「鶴亀庭」、そして「七五三庭」から成るという。「蓬莱庭」とは、平安時代以来続いた様式で「蓬莱」を配する庭、「鶴亀庭」とは、樹木や石で鶴と亀を象ったもの、そして「七五三庭」とは、石を七・五・三の三郡においた庭で、例として、龍安寺の方丈庭園の南側と、大徳寺真珠庵が挙げられている。

また、「写意の庭園」は、墨一色によって描かれた「水墨画」とも通じており、水墨画が禅宗と深く関わり発展したと同様に、「写意庭園も亦、禅宗の宗旨と、一脈通ずる」と述べ、さらに、写意の庭園の発生について、「禅宗と水墨画の盛んなりし、室町時代なりと、推定さるゝ」と論じている。さらに、丹羽は、「写意の庭園」とは、「鑑賞者」に作庭者の意匠や手法を「了解し得る素養を、要求する」[49]と定義しており、写意の庭園と「鑑賞者」の関係性が、他の種類の庭園とは異なることを強調している。つまり、上の引用は、「写意の庭園」を理解するためには、室町時代に発達した禅の文化や水墨画に関する「素養」が必用であり、その「素養」を欧米人は十分に備えていないと丹羽がみなしていたことを示している。

一九二〇年代後半に、欧米人の日本庭園理解に関する言説が台頭して以降、一九三〇年代に入ると、その理解を論じるにあたって、丹羽の引用にあるように、「禅」や「室町時代」、そして「枯山水」が重要なキーワードとして現れるようになっていった。

造園家の斎藤勝雄（一八九三―一九八七）もまた、ある特定の様式を想定しつつ、外国人の日本庭園に対する無理解について論じている一人である。斎藤勝雄は、短期間ではあるが小川治兵衛のもとで学び、その後、昭和一四年（一九三九）のニューヨーク、サンフランシスコの両万国博覧会で、造園学者の田村剛が設計した日本庭園の造営を担当するなど、昭和に活躍した造園家である。造園家として活躍する一方で、庭園に関連する著作も多い。斎藤は、外国人の理解について次のように論じている。

三つ五つの岩を据えやうで荒磯の感じを出す事の出来るのは実に日本庭園石組法の妙技で、外人には夢想だも及ばざる所であると思う。尚委しく言えば石の姿や節理に於ける気勢の使い分けにより荒波の磯を聯想せしむる事も出来るし、岩を噛む奔流を想起せしむる事も出来るし、鏡の如く静かな湖面を彷彿せしむる事も出来るのである。即ち或る程度迄形に現はし、他は余剰として観る人々の心に聯想を沸かせる仕組とするのである。(50)

上の引用では、三つ、五つと奇数の石が荒磯を表現していると描写されていることから、枯山水様式を指していることがわかる。斎藤は、こうした数個の石の組み合わせによって、荒れた海を表現するという方法は、「外人」の理解が及ばないものであろうと考えていた。さらに、石組はさまざまな「聯想」を「観る人々の心」に生じさせると論じており、先にみた丹羽と同様に、鑑賞者の存在も、庭園の要素の一つとしてみなされている。斎藤や丹羽のように、「鑑賞者」に言及することも、一九三〇年代に入ると、さらに頻繁に言説に現れるようになっていった。

室町時代に作られた枯山水様式の庭園が、外国人に理解されにくい庭園の具体例として挙げられる一方で、理解できる日本人と理解できない外国人の違いは、単に「国民性」に由来するという主張も、言説上に現れるようになっていく。一九二〇年代に北米での日本庭園ブームに触れ、すでに外国人の日本庭園理解について悲観的であった上原敬二は、昭和一四年（一九三九）に再び同じ問題について、次のような見解を示している。

日本庭園の神秘性についてはこれに対する邦人の心持ちの上で何となく割り切れぬ一つの伝統性が感ぜられる。説明では解き得ぬ「感じ」なのである。かかるものは当然外人に向かつても解明し能はざるもので、余程洗練されたる精神の持主でなければこの感じを味得しうるものではない。

かかることの分つたやうな外人もいるけれども果して真底を割つて見れば疑はしい、説明し様のない幽玄なる国民性的伝統なのである。唯それを示すに形式と表現との二つによつてなし得るが名人はその奥を流れるこの「感じ」を一挙に体得してしまう。ここに批評上凡人と名人、駄工と巨匠との区別が生れる。教へて得られず、学んで得られず、況や習って得るものに非ず、唯名作に接し、名園に出入りしているうちに一つの感じとなつて識らざるうちにその人に悟入してしまうのである、従つてこれが発露して来る時にその人の力倆となり、個性となつて第二の表現の姿を示すことになる。(51)

アメリカに築造された日本庭園をみて、「卑俗」という印象を抱いてから一七年が経ち、事態は改善に向かっているのではなく、上原が「外人」の日本庭園理解を、むしろいまだに「疑はしい」と捉えていたことがわかる。そして、その理由は、日本人の「幽玄なる国民性的伝統」が、外国人には、備わっていないからであるという。

日本の「伝統」は、学んで得られるものではないため、外国人には理解できないが、日本人は学ばずとも、その「感じ」を体得することができるという論理は、両大戦間期のナショナリスティックな時局を、より濃く反映しているといえるだろう。日本庭園を理解できるか否かが、日本人であるかどうかによって決まるという判断基準は、一九三〇年代半ば以降、庭園という分野に限らず、日本文化論や日本人論といった文脈からも確認することができる。

評論家、思想家として知られる長谷川如是閑（一八七五－一九六九）も、西洋人の日本庭園理解に言及し、日本人と西洋人の「自然観」の違いを論じている。造園学とは異なる文脈に属する長谷川如是閑は、その「違い」を次のように述べている。

いかにも西洋の幾何学模様と日本の自由紋様と、西洋のイタリー式庭園と日本の庭園と、さうした比較がよく両者の自然に対する態度の相違を説明するものとして挙げられ、又我国特有の建築や茶道、華道等に於ける『自然』の趣味や哲学が、到底西洋人に理解されないことが力説されているのは、全くその通りで、私自身も西洋人に日本文化を説明した場合に、そのことにも触れたやうなわけだが、然し私は、これを以て、日本人は自然を理解し、西洋人は自然を理解しないといふ結論に導くことは早計だといふ風に考へているのである。これは実は、自然を理解するしないの問題ではなく自然を理解する態度の相違の問題なのである。(52)

西洋人には、日本庭園をはじめとする日本文化が理解できないという点においては、先の造園学者たちの意見と一致しているが、造園学者たちが、西洋人に批判的であったのに対して、長谷川如是閑は、そうした西洋人批判を「早計」とみなし、それは日本人と西洋人の自然に対する態度の「違い」によるものであると強調している。日本人と西洋人の自然観の違いについて、長谷川如是閑は次のようにまとめている。

西洋人は自然といふものを、天然のままに観るのをナチュラル・ビューティーの鑑賞といふのであるが、日本人はこれに反して、人工に捉えられた自然を『侘び』とか『寂び』とか称して鑑賞する。このことは一面では、日本人が自然に対して人工を加へることの性能の発達していることを示すもので、文化的の感覚に於いて、日本人の方が西洋人よりも発達している証拠ともいへるのだが、然し他の一面から云ふと、それは日本人が天然のままの自然に対する感覚が足りないといふ欠点をもつていることにもなるのである。(53)

天然のままの自然を美しいと感じる西洋の自然観と、人の手が加わった自然に美しさを見出す日本の自然観を対比し、西洋人が日本庭園を理解しないことは、鑑賞力が劣っているのではなく、それはあくまでも西洋と日本の「自然観の違い」によるものであると結論づけている。一方的に西洋人を非難することなく、日本人も「天然のままの自然に対する感覚が足りない」と指摘し、西洋人と日本人を相対的に論じている点は、先の造園学者たちとも大きく違う。しかしながら、その「違い」が、西洋人か日本人かの「国民性」によるという論点は、日本人であるか否かを判断の基準として、欧米人を批判した造園学者たちの言説と、ロジックを共有しているとはいえないだろうか。長谷川如是閑のように、一方的な批判を避けるケースを含めて、一九三〇年代は、欧米人と日本人の「違い」に言及するという現象が分野を超えて同時多発的に出現した。時局は、第二次世界大戦へと向かうなか、台頭するナショナリズムを直接的に反映するような、「国民性」を判断基準とする言説が活発になり、欧米人の日本庭園理解をめぐる議論も、そうした文脈に位置づけることができる。

しかし、一九三〇年代に台頭するナショナリズムを背景としつつも、そうした背景に還元しきれない問題もまた、庭園を取り巻く環境に生まれつつあった。日本国内における庭園をめぐる状況を暗示する引用に触れておきたい。

渋好みだけは、どうも日本人のみが味へる、特別のものですから、欧米人の美しいと云ふ考への中にはないやうです。

最近西洋人の日本庭園研究熱は、仲々旺んになりまして、名園の多い京洛の町には、観光客などもずいぶんと多く、仏寺や名流のお庭拝見は、相当賑はつているやうです。国際親善に貢献し、日本文化の幽遠な事を知らしめるには、誠に得難い大事な仕事となつて参りました。只茲に日本人として趣味生活に徹底しやうとする者の立場から、自由に批評を許して頂けるならば、斯様な西洋人には、私達が無条件で味ひ親しむやうな、心にひしひしと伝へるその素直さ、懐かしさで庭を観る心持ちになる時が、果して来るもので御座いませうか。(54)

これは、昭和一二年（一九三七）から刊行された『わび』という雑誌に掲載された文章の一節である。京都の庭園を訪れる外国人観光客が増えている様子を「国際親善」と表現するなど、当時の状況が伝わってくる。ここでもやはり、「西洋人」だからという理由で、日本庭園も、そして「日本文化の幽遠な事」も、真には理解できないと主張されている。「日本人」には「無条件」で備わっている感覚こそが、日本庭園を味わい、親しむことを可能にするのであって、海外からの観光客が増えたとしても、結局は、西洋人には日本庭園を日本人のように観ることができないという見解は、先にみた庭園研究者たちの言説とも重なり合うものである。しかしながら、この論文には、外国人たちの無理解を指摘しているだけではなく、実は、「日本文化の幽遠」さが、日本人だからといって理解できるものとは限らないという著者の見解が示されている箇所がある。ここには、一九三〇年代の日本で、庭園にまつわる状況や価値観が国内でどのような局面を迎えていたのかをも反映されている。

名勝を好み、信仰に頼る心。是は日本庭園の源流として底深いもので御座います。唯徒に、海面的な形式丈かで、日本庭園を観賞し、研究しやうとすることなど、いかに味気ないもので御座いませう。(55)

庭園を「研究」することが、「味気ない」と表現されていることに注目したい。「研究」の対象とすることが、日本庭園の「幽遠」なことを理解していることとは、みなされていなかったという解釈が成り立つのではないだろうか。著者は続けて、「植木屋」は「無学文盲」であるために、ただ作庭書を無批判に真似ているだけで、「厄介」であると描写し、さらに、当時の一般の人々を「刺激の強い現代人」と称し、「細かい心遣い」がなく、「庭木を愛する心持ち」や「床しいものが」ないと批判の対象としている。つまり、日本庭園を味わうことができないのは、「西洋人」だけでなく、「研究者」や「植木屋」、「現代人」も含まれているという認識が示唆されており、ここに、「日本人」であることを、「無条件」に理解できる根拠とみなした先の造園学者たちの見解との相違が認められる。一九三〇年代には、庭園との関わり方について、日本国内で様々な立場が混在していたことを示しているといえるだろう。

庭園教育や造園学が確立され、庭園の研究が細分化する一方で、作庭においては、設計者と植木屋、そして庭師などの職人たちとの分業化、専門化が進み、何をもって、誰が、日本庭園の真の理解者であるのか、日本国内においても「合意」が定まっているわけではなかった。上の引用は、日本国内で、さまざまな立場からの価値観が交錯していた状況を象徴的に示しているといえるだろう。

9 おわりに

一九二〇年代後半から一九三〇年代にかけて、高等教育機関における庭園教育が確立され、造園学が誕生したことに伴い、雑誌媒体など新しいメディアも普及し、庭園をめぐる言説が量産されるようになっていった。欧米で開催された万国博覧会で日本庭園が人気を集めたことや、外国の専門家や観光客たちが日本庭園を訪れたことが報じられ、日本庭園に欧米人たちの眼差しが向けられていることを、庭園研究者たちだけでなく、国内の多くの人々が知るようになった。つまり、一九三〇年代には、日本庭園の「国際性」に対する「自覚」が芽生える環境が整ったのである。

しかし、日本庭園のもつ「国際性」とは、世界の誰もが味わい、理解することができる「普遍性」を意味するものではなかった。この時期、上原敬二や佐藤昌、そして針ヶ谷鐘吉や丹羽鼎三など、多くの研究者たちが、日本庭園に対する外国人の理解に悲観的であった。日本庭園が国際的になることとは、万国共通の「普遍的な本質」を備えていることを意味するのではなく、外国人には理解できない「独自性」を備えていることを強調する方向へ、言説は次第にシフトしていったのである。日本庭園を論じた多くの外国人が批判され、「外国人」であるか否かが、理解できるかどうかの根拠とされたのである。

「日本人」であることが、「無条件」で、日本庭園を理解できる根拠とみなすような発言も頻繁になされはしたが、一九三〇年代半ば以降になると、それが必ずしも、根拠とはなり得ないケースがあることも明らかになった。研究者や「植木屋」、そして「庭師」や「現代人」も理解していないとみなす「知識人・文化人」が、雑誌媒体を通じて、日本庭園論に参入するようになっていったのである。

外国人には日本庭園がわからない、という研究者たちの態度は、国粋主義の枠組みをつかって説明することも可能である。しかし、日本人にも庭園理解について差異があるとなれば、ここには、ナショナリズム理論とはべつの枠組みが要請される。では、日本庭園を理解するとは、何を意味していたのか、いったい誰が「理解者」となり得たのだろうか。また、国際的な関心の集中を自覚したことによって、かえって、「独自性」が強調されることになった日本庭園にとって、「国際性」と「独自性」というジレンマは、どのような枠組みを構築することによって乗り越えていくことができるのか。

そこで次章では、日本国内における庭園理解の「差異」に関する言説や、造園学という文脈の周辺も考察の対象に加え、日本庭園を理解するとは、何を意味していたのか、日本庭園の「国際性」と「独自性」とは、どのように論じられ、いかなる論理の生成と概念の規定が必要とされたのかを明らかにしていきたい。日本庭園の「独自性」をめぐる立場を考察し、欧米諸国にむけた日本庭園像が、どのように形成されたのかを明らかにしていきたい。

註

（1）小澤圭次郎『明治庭園記』、日本園芸研究会編纂『明治園芸史』明治園芸研究会出版、一九一五年、一四九－四八八頁、一五一頁。
（2）同右、二二九頁。
（3）同右、一五〇－一五三頁。
（4）同右、四二七頁。
（5）同右。
（6）同右。
（7）仲隆裕「一、日本庭園の喪失と洋風庭園の導入」一五八－一六一頁、武居二郎・尼崎博正監修『庭園史をあるく』昭和堂、一九九八年。
（8）有栖川宮邸の庭園工事は宮内省内匠、北白川宮邸の庭園は工部省が担当したが、仲隆裕は、「細部意匠はともかく、（中略）邸宅における庭園の配置計画や地割についてはコンドルが主導権を握っていたものと考えられる」（一六〇－一六一頁）と論じている。仲隆裕「一、日本庭園の喪失と洋風庭園の導入」、武居二郎・尼崎博正監修『庭園史をあるく』昭和堂、一九九八年。
（9）尼崎博正「二、日本庭園の復興―植治の庭」、武居二郎・尼崎博正監修『庭園史をあるく』昭和堂、一九九八年、一六一－一六五頁。
（10）丹羽圭介翁談「庭師『植治』」『瓶史』新春特別号、一九三四年、六九－七二頁、引用箇所は七一頁。
（11）同右。
（12）同右、引用箇所は七〇頁。
（13）同右、引用箇所は六九－七〇頁。
（14）千葉大学園芸学部監修『千葉大学園芸学部七〇年史』教育文化出版、一九八一年、六一頁。
（15）小板橋二三男『農学校と農業広告の造園教育百年』東京農業大学出版会、二〇一一年、七頁。
（16）横井時冬『園藝考』大八州学会、一八八九年。

(17) 本多錦吉郎『図解庭造伝』団々社、一八九〇年、二三頁。
(18) 同右。
(19) 同右、一頁。
(20) 同右。
(21) 白井彦衛・西村公宏「わが国における庭園学教育の発祥に関する研究」『千葉大園学報』第四二号、一九八九年、四九 - 五七頁。
(22) 井出久登「造園からランドスケープへ―日本造園学会七〇年のあゆみ」『ランドスケープ研究』第五八巻第四号、一九九五年、三六六 - 三六七頁。
(23) 長岡安平「造庭雑談」『日本園芸会雑誌』第一七号第二巻、二八頁、一九〇五年。山口秀高「本邦庭園の将来」『日本園芸会雑誌』第一八巻第七号、三八頁、一九〇六年。
(24) 上原敬二『造園学汎論』林泉社、一九二四年。
同『談話室の造園学』技報堂出版、一九七九年。
同『この目で見た造園発達史』「この目で見た造園発達史」刊行会、一九八三年。
(25) 北村信正「名誉会員の横顔―戸野琢磨氏」『造園雑誌』第二六巻第一号、一九六二年、六頁。
(26) 新聞の連載をまとめ、『旅から旅へ渡り鳥の記』（新光社、一九二二年）を出版した。引用箇所は、同書一七七頁。
(27) 戸野琢磨「米国に於けるジャパニーズ・ガーデン」『庭園』第七巻第一一号、一九二五年、一〇 - 一二頁、引用箇所は一二頁。
(28) 欧米で開催された万国博覧会における日本庭園の造営については、鈴木誠『欧米人の日本庭園観』（造園学論集別冊二、東京農業大学農学部造園学科、一九九七年、八三 - 八六頁）を参照した。
(29) フランク・ウォー（Frank A. Waugh）「日本庭園の印象（'Impression of Japanese Landscape Architecture.'）」『造園研究』第六号、一九三二年、八 - 一一頁。
(30) 田村剛「日本庭園の海外紹介」『庭園と風景』第一七巻第一号、一九三七年、一二頁。
(31) 同右。

（32）針ヶ谷鐘吉「京都庭園礼讃」『庭園と風景』第一四号第一〇巻、一九三二年一〇月、二四六－二四八頁、引用箇所は二四七頁。
（33）針ヶ谷鐘吉「コンドル博士の日本庭園観」『庭園襍記』西ヶ原刊行会、一九三八年、二六―三八頁（「コンドル博士の日本庭園観」の初出は『庭園』第一七巻第一号、一九三五年、七―九頁）。
（34）エルウッドと助教授のボッファム（生没年不詳）、そしてイリノイ大学造園学教授のロビンソン（生没年不詳）の一行が来日した。東京に滞在中は、岩崎邸や渋沢邸の庭園を見学し、その後、鎌倉と名古屋そして京都を訪れた。「日本造園学会会報」『造園芸術』第一巻第一号、一九三〇年二月、一頁。
（35）森脇龍雄「エルウッド氏の日本庭園観」『庭園と風景』第一三巻第一号、一九三一年、三三頁。
（36）東京朝日新聞、昭和一〇年五月八日、一三面。
（37）重森三玲「日本庭園学会との協力に就て」、『林泉』第五四号、一九三九年、一五二－一五四頁。
（38）田村剛 *Art of the Landscape Garden in Japan*, 国際文化振興会、一九三五年。Lorain E. Kuck, *One Hundred Kyoto Gardens*, London, Kobe, Kegan Paul, 1935.
（39）重森三玲「編輯スケッチ」『林泉』第五号、一九三五年、一六六頁。
（40）上原敬二「日本庭園の再吟味」『林泉』第一五号、一九三六年、六五－八頁。引用箇所は六六頁。
（41）アメリカン・ガーデン・クラブの印象は、案内役を務めた団伊能によって翻訳された。団伊能「米国庭園協会と日本の庭園」『庭園と風景』第一七巻第六号、一九三六年、一〇－一一頁。
（42）井川定慶「庭園雑感（下）」『林泉』第一六号、一九三六年、一二八－一三一頁。
（43）佐藤昌「欧州十八世紀に於ける支那庭園の紹介とその影響」『日本園芸雑誌』第四三巻第七号、一九三一年、三二頁。
（44）佐藤昌「外国人の見たる日本庭園」『園芸学会雑誌』第四巻第一号、一九三三年、八八－一〇六頁。
（45）同右、八八－八九頁。
（46）註（33）に同じ。
（47）丹羽鼎三「味ふ庭園」『史蹟名勝天然紀念物』第一四号第一一巻、一九三九年、一七－二〇頁、引用箇所は一九頁。
（48）丹羽鼎三「作庭形式上より観たる日本庭園の類別」『造園雑誌』第七巻第三号、一九四〇年、一二八－一三六頁、引用箇所は一三二頁。

(49) 同右、一三二頁。

(50) 斎藤勝雄「明日の日本庭園」『林泉』第六号、一九三五年、二二八－二二九頁、引用箇所は二二九頁。

(51) 上原敬二「日本庭園に於ける神秘性」『林泉』第三号、一九三九年、五〇－五八頁、引用箇所は五〇頁。

(52) 長谷川如是閑「日本の自然趣味」『瓶史』第七巻春の号、一九三六年、一－六頁。引用箇所は一－二頁。

(53) 同右、三頁。

(54) 水竹居閑人「庭園研究随想 庭の味」『わび』二月号、一八－二四頁、一九三八年、引用箇所は一九頁。

(55) 同右、二〇頁。

第五章　日本庭園像の形成
——「独自性」と「芸術性」の確立へ

1　はじめに

一九三〇年代に日本庭園の「国際性」が多くのメディアで取り上げられるようになると、日本庭園の「独自性」は、西洋人には理解できないという言説が台頭するようになっていった。この時代の特徴として挙げられるのは、日本庭園を誰が理解しているのかという問題について、国内の様々な立場から、多様な見解が示されたことである。造園学が確立されて以降、庭園の研究は、造園学者たちが中心となって発達し現在に至るが、一九三〇年代の言説空間を見渡すと、哲学者や思想家、あるいは趣味人または文化人といったいわば造園学の外部の人々が、庭園について言及するという現象が起こっている。その要因の一つとして、一九三〇年代に雑誌媒体が量的に増加し、「文化人」たちが意見する場そのものが、それより以前と比較して増加したことが挙げられる。これらの雑誌を舞台に、多様な庭園観が表明される一方で、ナショナリズムの隆盛を追い風に、特記すべき現象も生じている。それは、造園学とその外部という異なるそれぞれの立場から、ある共通した日本庭園観が、同時多発的に提唱されるようになったことである。

本章では、雑誌記事を中心に、日本庭園の理解をめぐる様々な見解を考察し、一九三〇年代的な特徴を抽出することを試みたい。さらに、この時代にどのような日本庭園観が形成され、いかに、異なる立場の人々のあいだで共有されていたのかについての諸相に迫ってみたい。

2 日本庭園の理解をめぐって

前章で触れたように、外国人は日本庭園を理解できないという発言が頻繁になされるようになった一方で、日本人だからといって日本庭園が無条件で理解できるわけではないという主旨の発言も散見されるようになってくる。日本庭園の理解をめぐっては、統一された見解が共有されていたというよりは、むしろ、日本国内で様々な見解が錯綜していたといっていい。

作庭家としても活動し、また、庭園史や庭園実測などに関する著書の多い重森三玲（一八九六－一九七五）は、当時の状況を踏まえて、庭を作る側にも問題があると感じていた。作庭するにあたって何に一番苦労するかを問われた重森は、施主の庭に対する理解について言及している。

多くの場合施主が庭園に対する理解の少ないことだと言へるのではないか。築庭家・即ち庭師の方にも技術が足りなかつたことは勿論だが、お施主の理解がない場合は、いい庭園は絶対に出来ない。従つて僕等の様な立場からすれば、近頃の庭園が悪いと云ふことも、庭師のみの罪ではないと思う。(1)

施主の理解が不十分であるという認識は、重森に限らず、当時、多くの文化人に共有されていたようである。文化人達の見解を確認するために、華道家の西川一草亭（一八七八－一九三八）が創刊した雑誌『瓶史』で、施主や庭園理解がどのように論じられていたかを紹介したい。西川一草亭は、去風流の第六代家元西川一葉（生没年不詳）の長男として京都で生まれ、絵画や漢文、そして本草学などを学んだのち、去風流の家元となり、京都を中心にしながらも、大阪や東京でも生け花を講じた。画家の津田青楓（一八八〇－一九七八）は実弟であり、兄弟そろって、当時の作家や画家など多くの文化人らとの交流を深めた。昭和五年（一九三〇）に『瓶史』を創刊すると、幅広い人脈を活かして、生け花だけでなく、茶道や書画など、文化全般に関する論考を発表し、そのなかでも庭園は頻繁に取り上げられるトピックの一つであった。『瓶史』では、茶人や画家そして哲学者、またときには造園学者などが参加する座談会も頻繁に開かれており、多くの文化人が京都に集い、西川一草亭を中心に文化全般に関する意見交換を行っていた状況が記録されている。詳しくは後述するが、近年の研究では、西川一草亭は、「この時代のインテリに日本の伝統文化を体験させ、思索させた」といわれるほど、当時の文化人に影響を及ぼす人物であったと考えられている(2)。

『瓶史』では、庭に理解のあった施主として、明治時代の元老山縣有朋についてたびたび言及されている。第四章でも触れたとおり、無鄰庵庭園は山縣有朋の京都の別邸であり、通称植治こと、七代目小川治兵衛が施工を担当した。以下では、当時の文化人たちが、施主と庭師と庭園の関係性をどのようにみなしていたのかについて、『瓶史』に掲載された座談会の記録から考察してしみたい。

「書と画と庭園を語る座談会」（参加者―志賀直哉、里見弴、室生犀星、谷川徹三、西川一草亭）で、作家で詩人の室生犀星（一八八九－一九六二）に京都でみるべき名園を問われた西川一草亭は、「龍安寺なんかより、あの庭の方がよくありませんか、無鄰庵の庭」と答えている(3)。西川に続いて発言した白樺派の作家の志賀直哉（一八八三－一九七一）も、「山縣さんの庭といふものは大したものだ」と、施主である山縣有朋の名を挙げ、「昔の庭の真似ぢやない。つまりあの庭のコムポジションが違つてゐる、どつか高原なんかの或所を切取つて持つて来たやうな、感じが非常に新鮮だね。（原文ママ）」と池の位置を高くした高低差のある構成を評価している。[4] 西川一草亭も志賀直哉も、施主である山縣有朋にのみ言及している点は興味深い。無鄰庵庭園が、植治よりも山縣有朋の意向を反映した作品とみなされていたと考えられるが、それは、続いて発言した哲学者の谷川徹三（一八九五－一九八九）の言葉からも推察できる。谷川は、山縣有朋が森鷗外を「完全に使ひこなして」、森鷗外の文筆活動にまで影響を与えるほど文学に通じていたと発言しており、[5] 施主の山縣有朋が文化人であったことを補足している。山縣有朋の文化的素養によって、無鄰庵庭園が誕生したという認識が示唆されているといえるだろう。

また別の座談会「風土と文化」（参加者―和辻哲郎、安倍能成、谷川徹三、茅野蕭々、茅野雅子、西川一草亭）で無鄰庵庭園が話題になった際にも、哲学者の和辻哲郎（一八八九－一九六〇）は、「鷗外さんを使ひこなしたり、植治をつかひこなしたり、兎に角人を使ふのもうまかつたのでせう」と山縣有朋について語っており、[6] 植治はあくまでもつかわれた側と位置づけられている。同座談会では、哲学者で教育家の安倍能成（一八八三－一九六六）も、山縣有朋が宝蔵院流の槍の名手でありながらも、書には「風格の高いところ」があり、また、「和歌はああいふえらい人の中で一番いい」と発言するなど、文武両道で芸術文化に造詣が深い人物として高く評価している。[7] この座談会では、西川一草亭が、「山縣さんといふ人には造園の才がありますね。あれも植治ですが、狭い庭を非常に巧みに造つて居られる」[8] と明言しており、無鄰庵庭園は、植治の作品というよりも山縣有朋が生み出したという認識が、周辺の文化人とともに共有されていたと考えていいだろう。

西川一草亭は、山縣の指示によって作庭された椿山荘（東京）や古稀庵（小田原市）も訪れてみたいとも述べており、[9] 施工を担当した東京の庭師、岩本勝五郎（生没年未詳）よりも、「施主山縣有朋の作品」と捉えていた。

また、施主が庭園の出来映えを左右するという認識は、西川一草亭が塚本与三次（生没年未詳）の「福地庵庭園」に言及していることからもみてとれる。塚本与三次は、明治四〇年代に京都の南禅寺界隈の開発に取り組み、無鄰庵近くに「福地庵」（現真澄寺別院流響院）を造営した。作庭の施工を担当したのは、七代目小川治兵衛と長男保太郎であった。福地庵庭園について西川一草亭は、「あの庭もうまく出来てゐますね。塚本といふ人が大分指示したやうです。大工がさう云つてゐます。」と評し[10]、施主塚本の指示によってよい庭が誕生したという認識が示されている。塚本については、「非常に道楽した人」であり、また、「建築で一番よく分かるのは塚本さんだ。玄人のいふやうなことを知つてゐる」と評し、施主に「素養」があることに触れているが[11]、小川治兵衛親子に対する言及は一切ない。無鄰庵庭園についても、福地庵庭園についても、七代目小川治兵衛が施工を担当したにも関わらず、施主のみが評価の対象として論じられている。これらは、施主の素養こそが、庭園の出来映えに影響を及ぼすという考え方が、当時の文化人たちに共有されていたことを示す事例といえるだろう。重森三玲や西川一草亭らは、理解のある施主はもはや存在しなくなってしまったという認識を共有していたのである。

一九三〇年代には、施主だけでなく、施工する側についてもまた、知識や技術が十分でないという指摘が多くの文化人達からなされていた。江戸時代以来、主に植木屋たちが担った庭の施工は、明治時代にも継承された。明治中期以降になると、小川治兵衛や岩本勝五郎など、「作庭家」として名前が知られるようになる庭師が生まれると同時に、建築学を修めた技術者たちも作庭に携わるようになっていった。大正時代以降になると、当時新しい学問であった造園学を修めた技術者たちが誕生し、作庭に関わるようになっていく。一九三〇年代にはいると、「植木屋の親方の枠」を造園学校が預かる形で養成を担うという関係性が築かれるが[12]、座敷に上がることなく、軒先に立ったままで指示をだす庭師が増えたことや[13]、また、「多角的」に物事を指示する「遠州のような指導者」

がいなくなってしまったことなどが指摘されるなど、[14]庭師や施工者に対する批判は厳しくなっていった。

「造園学」という学問が、作庭において影響力を増していく状況について、文化人サークルではどのようにみなされていたのだろうか。『瓶史』に掲載された「造園雑話」という座談会（参加者―茅野蕭々、茅野雅子、龍居松之助、津田青楓、西川一草亭）における、造園史家の龍居松之助（一八八四―一九六一）と西川一草亭らのやり取りをみてみたい。龍居松之助は、造園学者の上原敬二（一八八九―一九八一）らとともに日本における造園学の確立に中心的な役割を果たした一人である。座談会の冒頭で、西川に設計図を作るか否かを問われた龍居は、すべての作庭において、設計図を予め作成して施工にあたる旨を説明する。座談会が中盤にさしかかり、当代の庭師たちに話しが及ぶと、西川は「始めから設計してかゝつた庭は味がないですね」と述べ、さらに、「環境に応じて作つてゆくのが一番自然だとすれば、始めから設計してかゝるのはいけませんね」と、龍居への応答ともとれるような発言をしている。予め設計図を作成することが、西川にとって、造園学的、あるいは近代的な庭造りを意味しており、周りの自然環境にあわせることなく庭を造営することと同義で捉えられていたであろうことがうかがえる。しかし、近年の研究では、一七世紀頃の大規模で複雑な作庭には、作業上、設計図が用いられており、小堀遠州は「幾何学的な製図法」に基づく設計図を予め作っていたと考えられている。[15]つまり、設計図を作成して庭をつくること自体は、正確には近代の産物ではない。しかし、一九三〇年代の西川ら文化人のあいだでは、作庭家に求められていた資質さえ備えていれば、設計図は必要ないとさえ思われていたようである。ドイツ文学者で文芸家でもある茅野蕭々（一八八三―一九四六）や、その夫人で歌人の茅野雅子（一八八〇―一九四六）、画家で西川一草亭の実弟である津田青楓らほかの参加者たちも、作庭には生け花や書画に造詣が深い必要があることを挙げるなど、造園学の知識だけでは不十分であり、むしろ芸術の諸分野の素養を備えているべきであるという意見で一致していた。座談会の途中、龍居本人が「日本固有の造園学と云ふ物はありませんね。皆翻訳ばかりです。翻訳より外に何も無いものだから、結局歴史でごまかしておくことになる訳ですね。」とコメントしており、他の参加者たちの「造園学」に対する冷ややかな反応を、まるで龍居自身が察しているかのようである。

では、作庭をするために求められていた資質について、ほかにどのような意見があったのだろうか。和辻哲郎が庭を「舞台芸術」に、そして庭師を「舞台監督」に準え、[16] また、谷川徹三が、樹木などが成長することから、庭には「芸術としての特殊性」があり、庭師には長い年月を見据える能力の必要性を論じるなど、[17] 庭師には、作庭技法だけでなく、文化に理解があり、芸術的な素養や才能が必要であるという認識が文化人の間では共有されていた。さらに、造園学の識者たちまでもが、そうした論調に追随するようになっていく。

庭園芸術は庭園家が背負うべきものではあるが、庭園芸術の本質上、各方面の芸術家の協同を必要とする。就中その自然観に就いては、風景画か、茶人其他文芸家に教へられる所が多いであらう。又その意匠や技巧に就いては、更に建築家、彫塑家等にも学ぶ所が少なくないであらう。

要は、これまでの因習的な庭師任せで、現代の日本の庭園がこれ以上発展しようと到底考えられない。有能なる庭園専門の研究家が輩出して、他の芸術家の協力を得、始めて健全なる日本庭園の発達が企画せられることと信ずる。[18]

昭和一一年（一九三六）に、こう発言したのは、大正時代から戦後まで、造園学を牽引する立場にあった田村剛（一八九〇–一九七九）である。田村剛は、大正七年（一九一八）に『造園概論』を出版して欧米で発達した造園学を日本に導入し、国立公園に関わる行政でも中心的な役割を果たした。芸術家たちから学び、さらに芸術家たちと協同する必要性を論じる点は、先の西川一草亭を中心とした座談会のメンバーたちの意見にも共通している。同じ論文のなかで、田村は、室町時代までは山水画家によって、そして安土桃山時代以降は茶人によって発達したという日本庭園史観を示しており[19]、日本庭園のさらなる発展には、庭に関する知識だけでなく、絵画や茶道などのほかの芸術に通じている必要があると考えていた。

田村はこの論文のなかで、若い時には「洋風かぶれ」もあってヨーロッパの庭園に関心が向かっていたが、次第に、「日本の古い物に非常な魅力を感ずるようになつた」と論じている[20]。「日本の古い物」への関心が高まった理由として、「やっぱり日本人だから」と表現し、後年には、庭園に関する古典資料の調査にも取り組み、昭和三九年（一九六四）に『作庭記』の研究をまとめている。大正時代には新しい学問である「造園学」の確立に貢献した田村が、「日本庭園の再吟味」と称して日本庭園の歴史を再検討の対象としたように、上原敬二や龍居松之助らなどの造園学者たちも、庭園史を遡り、日本庭園の芸術性や独自性を積極的に論じるという現象が、一九三〇年代の雑誌記事から確認することができる。古典を再吟味するという現象が、造園学の周辺の分野で生じていたことも一九三〇年代の特徴の一つであった。

3　背景としての一九三〇年代

「古典」へ回帰するという現象は、庭園だけでなく、一九三〇年代のほかの芸術諸領域においても共通して見出すことができる。一九三〇年代とは、満州事変（一九三一）や軍部のクーデター、そして日中戦争（一九三七）

から第二次世界大戦参戦へと突入していくなかで、軍国主義が勢力を増した時代である。こうした歴史的文脈において、庭園や周辺の芸術諸領域からは、「古典」へ回帰するという共通した現象を見出すことができる。そこで以下では、一九三〇年代の国内の状況を概観し、建築や茶道、そして美術という庭園の周辺の領域で、「古典」がどのように論じられたのかを確認しておきたい。

大正デモクラシーが展開するなかで政党政治や普通選挙法が実現したが、大正時代が終わりに近づき昭和が始まると、関東大震災による震災恐慌や世界規模の恐慌の影響による昭和恐慌が始まり、農村では小作争議が多発するなど、政党政治や財閥に対する不満はひろまっていった。農村の現状改善を求め、政党と財閥の打倒を目指した五・一五事件（一九三二）によって政党政治がおわると、軍部が政治的影響力を強めていき、さらに、皇道派の青年将校らによる二・二六事件（一九三六）以降、軍部は政治の主導権を握るようになっていく。昭和六年（一九三一）、日本の関東軍による柳条湖の鉄道爆破を契機に満州事変が始まり、翌年（一九三二）に満州国を建国すると、国際的な批判が日本に向けられるようになっていく。昭和八年（一九三三）には国際連盟を脱退するなど、日本はますます国際的な孤立を深めていった。そのなかでドイツとイタリアに接近し（日独伊三国防共協定）、昭和一二年（一九三七）の北京での盧溝橋事件を発端に、日中戦争に発展、国家総動員法の制定（一九三八）によって、軍事優先の長い戦争の時代に突入した。[21]

一九三〇年代には四大新聞（『東京朝日』、『大阪朝日』、『東京日日』、『大阪毎日』）の発行部数が一日一〇〇～一五〇万部に達している。大正一四年（一九二五）にNHKラジオ放送が開始され、シャープが国産第一号のラジオを発売して以降、[22]一九三〇年代はラジオの生産台数が増加し、[23]昭和六年（一九三一）に聴取者は一〇〇万を超え、翌々年には一七〇万に達したという。[24]また、一九二〇年代に創刊された大衆娯楽雑誌の発行部数は一九三〇年代にさらに増加し、学会誌や趣味雑誌などの創刊が相次いだ。一九三〇年代は、新聞とラジオ、そして雑誌という大衆文化のメディアが普及し、世論の形成にも大きな影響を及ぼすようになっていった時代でもあった。

こうした時局を反映しつつ、一九三〇年代の建築学の分野では、若くして西洋建築を学んだ建築家たちが、日本の伝統的な建築様式へと傾倒するという現象が生じた。(25) 一八九〇年代生まれの吉田五十八（一八九四―一九七四）や堀口捨巳（一八九五―一九八四）そして村野藤吾（一八九一―一九八四）らは「数寄屋」に、そして一九〇〇年代生まれの山口文象（一九〇二―一九七八）や谷口吉郎（一九〇四―一九七九）、そして前川国男（一九〇五―一九八六）らは「書院造り」や「民家」に、日本建築の独自性を見出すようになる。かれらは単に古典へ回帰したのではなく、日本の伝統的な建築様式に「モダニズム」の要素を見出し、その文脈に位置づけようと試みたのであった。建築家の磯崎新（一九三一―）は、吉田五十八と堀口捨巳について、「現代的で近代的な自意識」をもって初めて「日本をクローズアップ」し、「日本の伝統的な建築」を捉え直した世代と位置づけている。(26) 吉田らに共通するのは、ヨーロッパへ渡り、本物の西洋建築に「かなわないと痛感」し、また、日本に導入することに「絶望感」すら抱いた経験から、「日本独自の建築様式を探した」点であるという。(27) 公共の建築には、鉄筋コンクリートの建物に日本風の屋根を配した折衷式の「帝冠様式」が多用されるなか、小規模な建築は、日本的な様式へと「回帰」していった。(28) 日本的な木造部分とコンクリートが融合した「岡田邸」が昭和九年（一九三四）に堀口捨巳によって完成したように、一九三〇年代には、日本の伝統的な建築様式を、近代的に捉え直した作品が出現し始める時代であった。

建築家たちの古典への回帰の機運が高まった一九三〇年代、茶道をめぐる状況もまた一つの節目を迎えていた。(29) 昭和四年（一九二九）に、高橋龍雄（梅園一八六八―一九四六）の『茶道』が刊行され、同年、岡倉天心の *The*

Book of Tea（一九〇六）の翻訳が『茶の本』として岩波文庫から出版された。昭和九年（一九三四）に重森三玲の『日本茶道史』が、そして昭和一〇年（一九三五）には、創元社から『茶道』（全一五巻、以下『茶道全集』）の刊行が始まった。『茶道全集』は、現在に至るまで、「茶道研究史では特権的な位置を占めている」[30]ともいわれており、一九三〇年代に茶道研究の礎が築かれたといっていい。

また、一九三〇年代に入ると夏目漱石の弟子である小宮豊隆（一八八四－一九六六）による利休の賛美や、一方で、華道家西川一草亭による利休の再検討の動きなどが生じてくる。茶道そのものの特質とともに、千利休の「わび」をどのように捉えるかが模索されていた時期でもあったのだ。西川一草亭の「千利休観」は、このとき構築されつつあった「利休のわび」に対する認識の再考を促すものであった。西川は、茶道とは日常に根ざしながらも、なおかつ芸術性が備わっていると論じ、茶道を生活の芸術化として捉えていた。のちに西川の茶道理解は、利休の「わび」とは対照的な、「風流」を軸として展開する。[31]

西川一草亭の千利休観や茶道観は、華道界や茶道界だけでなく、庭園研究者たちや堀口捨巳を始めとする建築家、そして思想家など多方面に大きな影響を与えた。[32]上述のように、堀口捨巳は数寄屋建築に傾倒し、利休研究に取り組むようになるが、西川一草亭から影響を受けたことを示唆するやり取りを紹介しておきたい。西川一草亭の手がけた茶室について、堀口捨巳は、これまでの茶室が「陰気な感じ」であったのに対して、「明るい感じ」で「大へん学びになつた」と賞賛している。それに対して西川一草亭は、「利休は、茶庭は、樫の葉の積もる奥山寺の道の寂しさとかなんとかいふ歌を歌つていますね、それにみんな囚われて、無暗に暗くして夫れが幽邃と思っているのでぢやありませんか」と答えている。[33]西川一草亭が、構築されつつあった「千利休観」に拘泥されていない立場にあり、また、堀口捨巳が西川から「学ぶ」立場であったことがうかがえる。のちに堀口捨巳は千利休の研究において、日本建築学会賞（一九四九年）や北村透谷文学賞（一九七〇年）を受賞している。

昭和四年（一九二九）に岡倉天心の『茶の本』の翻訳が出版されて以降、茶道が「総合芸術」としての地位を確固たるものとしたことは、『茶道全集』に、谷川徹三や金原省吾（一八八八―一九五八）、そして鼓常良《つづみつねよし》（一八八七―一九八一）などの哲学者や美学者たちが寄稿していることからもうかがえる。東洋の思想や美学の解明に取り組む知識人達にとって、茶道は、日本文化や日本芸術の独自性を論証しうるに適した事例の一つであった。

最後に、大正末期から昭和初期の美術について触れておきたい。昭和初期の美術界には、伝統的な様式や文学、そして仏教思想などに主題を求める「新古典主義」という傾向が認められるという(34)。美術史研究の河田明久（一九六六―）は、一九三〇年代の日本の美術界について、「古典作品」への関心が高まった時代と論じている。河田によれば、多くの美術雑誌が、日本古代の物質文化や古典芸術に注目し、若い芸術家たちの間でも、「古代」や「古典」から新しい発想を得るという現象が生まれるようになった。それまで、「克服すべき対象」であった古代世界や古典作品は、「新たな魅力の源泉」と変容して芸術家や美術ジャーナリズムに共有されるようになっていったという(35)。こうした現象について、美術史研究の酒井哲朗（?―）は、「「新古典主義」には、昭和日本の新たなる「古典」の創出という意味合いがあった」と指摘し、美術における「古典」への回帰が、「ナショナリスティックな意味（イデオロギー）」を帯びたものであったことを明らかにしている(36)。また、新古典主義的な様式を用いて「現代」を描くといった、「古典」を現代的な文脈に位置づける画家たちや、新古典主義からモダニズムに転身する画家たちもいたという(37)。さらに、一九三〇年代は、多くの前衛的な芸術家集団が都市を中心に組織され、岡本太郎がパリのシュルレリアリストとともに活動するなど、海外と日本の芸術家の「リアルタイムの交流」が実現した時代でもあった(38)。

以上のように、満州事変以降、国粋主義的な気運が高まっていくなかで、古典を改めて見直すという現象が芸術の諸分野を横断して生じていた。古典を検討（あるいは再検討）の対象とすることによって、建築や茶道、そして美術の「芸術的特性」や「独自性」の定義が共有可能な言説として確立され、基点とすべき「古典」が改めて規定されていった。庭園をめぐる状況も、こうした潮流のなかに位置づけることができるだろう。造園学者の田村剛が、「日本の古い物」への関心の高まりを自覚し、芸術家との協同を提唱したことには、一九三〇年代的な時流が反映されていたといえる。

庭園研究においても、造園学という分野に限定されない立場の人々も含めて、一九三〇年代に古典を見直すという現象が生じるようになっていった。庭園の「古典」を検討した結果、提唱された日本庭園の芸術的特性や独自性からは、異なる立場から発せられたにもかかわらず、興味深い共通点を見出すことができる。つまり、一九三〇年代は、庭園を理解することについてさまざまな見解が示されたが、その一方で、造園学の内と外で、同時多発的に、ある共通した庭園観が誕生した時代でもあった。

4　一九三〇年代に形成される日本庭園像

以下では、美学者と作庭家、そして造園学者という立場の異なる人々が論じた日本庭園論を比較したい。取り上げるのは、ドイツで美学を学んだ鼓常良と造園学とは距離を保って作庭活動と庭園史研究に取り組んだ重森三玲、そして造園学者の龍居松之助と田村剛である。四人は立場が違うにもかかわらず、それぞれの庭園論からは興味深い共通点を見出すことができる。それぞれの庭園論を要約し、共通する論点や構造を明らかにしてみたい。

（1）鼓常良の日本庭園論――「東洋美学」からみる日本庭園の独自性

一九三〇年代の日本の美学者たちの重要な関心の一つとして、西洋芸術と中国芸術、そして日本芸術を如何に位置づけるかという問題があった。こうした状況は、日中戦争の開始と相まって、西洋を越える「東洋」とは、もはや中国ではなく日本であるという主張を生む。もう一方では、ドイツを中心とした西洋哲学の受容という時期を経て、一九三〇年代の日本における美学はいわゆる「東洋回帰」の言説が胎動する。つまり西洋の論理では、日本固有の美意識の理解や解明はできず、自前の思考の枠組みが必要だという主張が目立つようになってくる。西洋哲学を受容する姿勢から、日本の美学の確立の必要性を主張するという言説へのシフトが顕著になるのが、一九三〇年代であった。こうした言説が目指したのは、西洋芸術を超克し東洋芸術からも独立した「日本芸術」を確立しようとする試みである。[39]鼓常良は日本芸術の「独自性」を論じる際に、日本庭園を例としてつかった美学者の一人である。以下では、鼓の美学的見地から形成された日本庭園像の特徴をまとめたい。

ドイツ留学で美学を学んだ鼓は、ドイツ滞在中に *Die Kunst Japans*（一九二九）を出版し、その日本語訳は『日本芸術様式の研究』（一九三三）として出版された。[40]鼓の目的は、東洋と西洋との差異、そして東洋のなかでも中国と日本との差異を明らかにすることであった。

まず鼓の美学論の支柱となったのは、日本では、生活と芸術、そして自然が融合しており、これらは不可分離であるという主張である。これらの要素が分断されていない状態を、鼓は「無限界性（Rahmenlosigkeit）」と称し、これを東洋文化に共通の特徴であると論じている。さらに東洋全般にみられる「無限界性」を西洋と対置し、東洋のなかでも特に日本において「無限界性」が顕著であり、それを論証するというのが『日本芸術様式の研究』の主旨である。「無限界性」という概念は、芸術様式に限定されるのではなく、作品と鑑賞者との関係性にも適用されると主張している。

吾々の芸術家は鑑賞者に多くの活動の余地を残しておく。真の芸術は、普通考えられるやうに、作品を形成してゐる物質にあるのではなく、鑑賞者の心を俟つて完成せられるといふことは、吾々の芸術にあつて一層高い程度で言はれる。芸術家は故意に鑑賞者に芸術活動に参加する余地をあたへ、その想像力を誘発する仕掛をさへ作品に設けて置くのである。無限界性なる基礎概念はこの点に於いて最も具体的な様式になつて現れる。茲に「断片性」なる補助概念が必要となる。(41)

鼓は、「無限界性」とは、東洋芸術のなかでも特に日本芸術の作品と鑑賞者の関係性に現れると唱えている。ここに、芸術様式だけでなく、鑑賞のあり方においても日本の独自性が見出せるという鼓の認識がうかがえる。鑑賞者が、作品の重要な一要素であるという考え方は、第三章でも触れたように、岡倉天心が『茶の本』で論じた「芸術鑑賞」にも通じるものである。

さらに鼓は、創作と享受との融合を可能にする作品の性質として、「断片性」という概念を提示し、また、「断片性」と関連して、「東洋の万有体系」を小さな表現対象で暗示しようとする表現形態を、「矮小形式」と名付け、東洋芸術の特性と定義している。(42)そして、鼓は、「断片性」と「矮小形式」、そして「無限界性」のすべてを、具現しているのが日本庭園であると特定している。

鼓の庭園史を要約すると、中国から移入された庭園は、平安時代の寝殿造りの確立によって「日本風」になった。そこに鎌倉時代の禅の移入によって「新しい庭園のきざし」がみえてくる。鼓は鎌倉時代から室町時代について、「禅宗が新庭園を育てた」時代とみなし、(43)禅宗の隆盛に伴って禅刹の方丈に適した「平庭」が発展し、また、武士の生活に適した書院作りが同時に発達したと論じている。鼓は、「庭園に於ける断片性の技巧は、平庭の流行に促された」(44)と述べ、その代表例に龍安寺を挙げている。龍安寺には、限られた数の石で大海を表現しようとすることから、「矮小形式」も認めており、「威厳と緊張と論理外の論理がある」と高く評価している。室町時代の作庭の「名人」として臨済宗の僧である夢窓国師（一二七五－一三五一）と、室町時代の画家で作庭も手がけた相阿弥（?－一五二五）を挙げている。

夢窓国師による作庭を「禅趣味をよく表現している」と評し、天龍寺を「禅の理想的境地」が具現されている事例として挙げている。ほかに、夢窓国師の代表作として京都の西芳寺にも触れているが、いずれの庭園に関しても、沿革や構造、石組みや地割りなどへの専門的な言及はなされていない。

次に相阿弥については、夢窓国師に続く「第二の偉大な名人」と位置づけ、作庭家としての業績を次のように称えている。

この人（相阿弥、筆者註）が現代まで行われている日本庭園の基礎を作つたといつても過言ではない。さうして同時に絵画史上に不朽の名を遺している墨絵の名人であり、尚詩歌に長じ、尺八に堪能であつたといふから、伊太利のルネサンス時代の芸術家のやうに芸術の全般に長じてゐたものと見える。造庭術の発達にとつては相阿弥が風景画家であつたことと、茶道の達人であつたことは重要な関係を有してゐる。(45)

上述の引用では、相阿弥が諸領域に亘る芸術的な才能を有していたことから、「芸術の全般に長じてゐた」ルネサンス期の芸術家たちと並立されている。京都における室町文化の隆盛を、ヨーロッパの美術史におけるルネサンスに準えるという鼓の並行史観がここに示唆されているといえるだろう。相阿弥は、祖父の能阿弥（一三九七－一四七一）と父の芸阿弥（一四三一－一四八五）に続いて、三代にわたり足利将軍家に仕え、絵画のほか連歌や生花、そして香道や茶道、さらに書画の鑑定と管理など、多岐にわたって才能を発揮した。絵画は、中国南宋末の禅僧で画家の牧谿（生没年未詳）を手本にして学んだとされ、京都の大徳寺大仙院の山水図襖絵『瀟湘八景図』（一六世紀）は、相阿弥によると伝えられている。生花の流派にも、相阿弥を始祖とする相阿弥流が現在に至るまで継承されており、また、室町時代末期には、香道の流派として相阿弥流が存在したことがわかっている。鼓が本書を執筆した当時、京都の慈照寺や龍安寺、そして長楽寺の作庭は相阿弥によるという説があったため、鼓の議論はそれに基づいているのだが、いずれの作庭も諸説あり、現段階では歴史的に十分に実証されてはいない。(46)

また相阿弥が、芸術諸分野のなかでも、とくに「風景画」と「茶道」に長けていたことも強調されている。鼓は、禅寺の石庭だけでなく、次の引用にあるように、安土桃山時代に発展した茶庭にも、「矮小形式」と「断片性」、そして「無限界性」という日本芸術の特質を見出していた。

茶庭も畢竟平庭の一種には相違ないのであるが、茶庭では日本的なものが益々顕著になつてきたことは見のがせない。価値批判の立場を離れて言ふのだが、茶庭では矮小形式と断片性の技巧に助長せられて無限界性の様式が極度まで行き詰めたものと見ることができるのである。露地は路次で外界からの「茶」の世界に導く狭小なしかも空き地に過ぎない。その極端に節約せられた表現材料をもつて、そのうちに踏み入る者をして山間の侘住居を訪れた感をおこさせようといふのである。しかもその僅かの空き地は茶の湯の目的に添う実際的設備をせねばならぬのである。それは即ち生活と自然とが混在してゐる。(47)

狭小な茶庭からは、「山間の侘住居」への想像を促す点に「矮小形式」と「断片性」を、また実用性が自然と融合していることに「無限界性」を認めている。鼓が想定する茶庭とは、「山間の侘住居」を思わせるとあることから、藁葺き（あるいは草葺き）の質素な田舎屋をモデルにした草庵風の茶庭を指していると考えられる。草庵風の茶室とは、四畳半以下の小さい空間を「市中の山居」に見立てたもので、千利休の「わび」を具現する様式である。ここで鼓が想定している庭は、飾り棚などが施された書院風の茶室の庭とは考えにくい。すると、草庵風の茶庭が、龍安寺の方丈庭園と同様に、「無限界性」と「断片性」と「矮小形式」のすべてが集約された具体例だったことになる。

さらに鼓は、庭園史の最後に桂離宮について触れ、小堀遠州による「傑作」であると評し、その理由として「矮小形式も断片性の技巧も、無限界性の原理も漏れなく、具体化されている」点を挙げている。(48)鼓の庭園史は、実質的には桂離宮より以降を扱っていない。江戸時代前期の小堀遠州について論じたのちに、明治期に作庭された無鄰庵庭園（京都）の借景について触れているのみであり、江戸時代に流行した大名庭園についての言及はなされていない。

次に、鼓による「借景」への言及をまとめ、庭園における創作と享受をめぐる関係性や、鑑賞者をどのように位置づけていたかを確認しておきたい。借景とは、庭園の外部の山や樹木を、庭の景観の一部として取り入れる手法である。鼓は「「借景」のうちに、わが芸術のすべてに渉る芸術的考へ方の特色が代表さられてゐるやうに思はれる」[49]と述べるほど、借景に日本芸術の神髄を見出していた。鼓の借景論をまとめると、借景の起源とは平安時代であり、「名勝への憧憬」という自然に対する「謙遜な心」がその生成にある。それはまず、「名勝の模倣」としての「縮景」という技術を生むが、それが足利時代頃から、「観念的」になった。さらに相阿弥による「断片性の技巧」の発達とともに、借景の技術が発達したという。目に映る「断片」が「鑑賞者の想像力」を誘発し、さらに名勝の記憶を呼び起こして、庭園を「完成」に導くという一連の作用を、鼓は借景という技法に見出していた。[50]借景論においても、鑑賞者の存在がキー概念となっていることがわかる。借景の代表例として、鼓は、龍安寺を挙げ、石組が「山や島を暗示し」、白砂は「湖や海を暗示する」断片であるとみなしている。[51]これらの断片が、鑑賞者に名勝の印象を引き起こすということを根拠に、鼓は龍安寺に借景の手法を認めたのである。

さらに茶庭についても、実用のための簡素な空間でありながらも、「山林深谷」を想わせることを念頭に作られている点に、借景としての要素を見いだしている。「茶庭は庭園中の短歌や俳句である」[52]という一節には、鼓が茶庭に「断片性」を認めていたことが示されている。

鼓の借景論には、「観念化された借景」は「縮景」から発展し、前者により高い芸術性がそなわっているという理解が示唆されている。単なる名勝の模倣である縮景よりも、より「無限界性」や「断片性」を含むのが借景であり、従って、日本庭園に独自の手法であり、芸術的であるという論法がここで成り立つことになる。

西洋にも借景の手法が、「ないとは言えない」と断りつつも、鼓は借景をあくまで日本独自の手法として確立したと強調し、鼓は日本と西洋の差異化を試みている。[53]鼓の借景論の特徴は、日本と西洋との対比を中心に論旨を展開することにある。西洋の借景を論じるにあたって、鼓はヴェルサイユ宮殿を挙げている。ヴェルサイユ宮殿の庭園は、「無限の大自然に連続する趣」を見せるが、「都市展望の意」を含んだ借景であって、それは「自然の人間化」に過ぎず、日本の借景との違いを指摘する。また、西洋における幾何学的庭園は、「それ自身だけで充足する統一体を形成する」ため、借景の観念が育たず、鑑賞者の想像力を必要としないと、日本庭園における鑑賞者の重要性と対比させている。(54)鼓の論法が示唆するのは、ヴェルサイユ宮殿との対置において「観念化された自然美」の表現を、龍安寺などの日本の庭園に見出そうとする論理の組み立てである。

最後に、鼓が、日本庭園における石の使い方に、いかに独自性を見出していたかについて触れておきたい。鼓は西洋と中国と日本では、庭園における石の使い方や役割がまったく異なると論じている。まず、西洋と日本の庭園における石の使い方を、次のように比較している。

我が庭園に於ては石が生命であつて、後にかの相阿弥が石組法を説いたやうに、石は庭園の骨組であり、中心思想である。かういふ意味に於ける石は勿論自然石でなければならぬ。(中略)然るに西洋の庭園は自然石を理解しないのである。また理解したとしても矛盾不調和なくしては用ひることが出来ない。なぜならば庭園中に建築物をはじめ石造の人工物を散在させているからである。(55)

日本では、相阿弥以来、石組は庭園の「中心思想」ではあるが、それとは対照的に西洋では石に対する理解がないという。西洋では、石造の彫刻などの置物を「不調和」に「散在させている」と論じており、コンドルが描写した「ピクチャレスク」に基づいたイギリス風景式庭園を想起させる(第一章)。

さらに鼓は、中国と日本との石の使い方についても言及し、中国では、西洋のように人工石と自然石が不調和であることに気付かず、「石」に対する理解がないと難じている。日本では「自然模写を基調」としているのに対して、中国では、自然の風景の「人工化」が大規模におこなわれ、切石が「装飾」に使われており、結果として「纏まりを達成しない」と批判的に描写している[56]。

「自然石」に対する理解を例として挙げ、「東洋」のなかでも、中国と日本の間に差異があることを指摘し、ここに両者の間に境界線を引くのである。それを根拠として、中国には「自然を押退ける傾向」があるとのべ、これは東洋の特徴である「無限界性」に反していると主張する。ここに鼓の「無限界性」は中国庭園に欠如しているという見解が論理的な整合性を得ることになる。

以上のように、鼓は、「無限界性」と「断片性」、そして「矮小形式」という概念を規定し、日本芸術の特殊性は、室町時代に発達した禅宗寺院の庭園と草庵風の茶室、そして借景という技法にもっとも具現化されていると主張した。鼓は、禅宗と茶の湯の影響によって室町時代の京都で庭園の芸術性が発達したという庭園史観と、相阿弥はルネサンス期の芸術家に匹敵するというヨーロッパと日本の芸術に対する平行史観を抱いていたといっていいだろう。また、日本には石への美意識があることから、日本庭園における独特の石の用法が発展したという認識も示したのである。

(2)　美学と造園学のあいだ—重森三玲

次にみる重森三玲の庭園論には、鼓が示した庭園理解と共通する論点を見出すことができる。ここでは、造園学とは距離を保ちながら、作庭活動や庭園史研究に取り組んだ重森三玲の日本庭園論の特徴をまとめ、鼓の庭園論と比較してみたい。

重森三玲は、明治二九年（一八九六）に岡山県で生まれ、計夫という名を受けるが、バルビゾン派のジャン・

フランソワ・ミレー（一八一四－七五）の絵画に出会い、「三玲」と改名した。重森は後に、息子達にそれぞれイマヌエル・カント（一七二四－一八〇四）から「完途」と、そしてゲーテ（一七四九－一八三二）から「藝氏」と名を付けていることからも、西洋の芸術思想に傾倒していたことがうかがえる。東京美術学校で日本画を学んだが、庭園に関する知識は独学で身につけたものであった。作庭家としての代表作には、京都の東福寺方丈庭園（一九三九）や龍吟庵庭園（一九六四）、そして松尾大社（一九七五）などがあり、このほかにも、寺院庭園や私宅庭園、そして公共施設の庭園などを多く手がけている。昭和七年（一九三二）に京都林泉協会を立ち上げ、その三年後には、庭園雑誌『林泉』を創刊している。京都林泉協会では、月に一回、日本各所の庭園を訪れ実測を行っていた。それをまとめて『日本庭園史図鑑』（一九三六）や『日本庭園史大系』（一九七一－六※重森三玲没後、息子完途によって完成）などを出版し、昭和の庭園研究に大きく貢献した。

重森三玲は、作庭活動や著述活動に精力的に取り組み、昭和の庭園研究に果たした役割は大きいが、通常、作庭家や庭園史研究家と称され、造園学からは距離をおいて位置づけられている。美術学校出身の重森は、庭園だけでなく他のジャンルの芸術にも造詣が深く、芸術活動の実践者であり、当時の造園学者たちとは一線を画す存在であった。重森三玲自身、庭園理解や芸術思想が造園学者たちのそれとは異なることを十分に自覚し、造園学者たちの認識の不十分さにある種の苛立ちさえ感じることもあったようである。それを象徴的に示すのが、晩年に、秋里籬島の『築山庭造伝』（一八二九）をめぐって、上原敬二と意見を対立させた一件であろう。この件を振り返り、上原は重森のことを「天下己独りを称した独善癖の同君」と評すほどであった(57)。

重森は庭園だけでなく、生け花や茶道の分野でも独自の立場を確立している。一九三〇年代の前衛芸術運動の気運をうけて、芸術としての「生け花」を確立することを目指し、昭和五年（一九三〇）に勅使河原蒼風らとともに「新興いけばな宣言」を唱えた。昭和二八年（一九五三）には、雑誌『いけばな芸術』を創刊している。また、一〇代の頃から茶の湯に親しんでいた重森は、一八歳で茶室を設計し、後に、『茶室・茶庭』（一九三七）を始めとする茶室と茶庭に関しても多くの著作を発表している。重森は、茶の湯に「生活と芸術の融合」、そして「過去と現在の調和」を見出し、庭園や生け花、書画や建築など、すべての日本芸術の中心に「茶の湯の精神」があると捉えていた。(58) 京都の吉田神社近くにある重森三玲旧邸には、重森自身が手がけた茶室があり、そこに重森の目指した美意識の実現をみることができる。一〇畳ほどの茶室の襖には、波形に切り取った市松模様が施されている。襖の市松模様は真っ先に桂離宮を想起させるが、大胆な波形に切り取られていることから、前衛的な印象をも産み出しており、まるでこの空間に、重森が日本と西洋、そして過去と現在の融合を試みたようである。また、前衛的なアレンジを加えながらも、実用的な茶室としての機能もすべて備えていることから、生活と芸術の融合が実現された空間ともいえる。

重森三玲の庭園観には、生け花や茶室と同様の芸術思想が通底している。昭和期の庭園を取り巻く環境で重要な役割を果たしながらも、造園学とは異なる立場の視点に立った重森は、一九三〇年代に日本庭園の特質をめぐる議論を、もっとも活発におこなっていた人物であった。

（3）重森三玲の庭園論

重森の庭園論の特徴とは、室町時代に発展した禅文化と茶の湯文化の影響を画期とみなす庭園史観と、庭園における石組を重要視する点とに集約できる。こうした重森の価値観は、彼が作庭した多くの庭に、枯山水様式が取り入れられ、大胆な石使いが重要な役割を果たしていることにも現れている。「禅」「茶の湯」「石組」といったキーワードに、もっとも日本的な芸術性を見いだしていた重森は、江戸時代中期以降に作庭された庭園や、北村援琴や秋里籬島などによって著された近世の文献を一貫して批判している。こうした重森の価値体系を支えた原理は、いかなるものであったのか。重森による日本庭園の独自性をめぐる議論に、その答えを探ってみたい。まず、室町時代に発展した枯山水様式について、重森がどのように論じていたかをみてみよう。

既に平安朝時代の詩歌には、幽玄と云ふ思想が表はれていて、古今集と云う歌集には幽玄と云ふことを主張しているのである。幽玄と云ふことは中々説明が六ヶ敷しいが、音楽に於ける餘韻と云つたものである。もの静かな味とか、侘しい味と云つたもので、目で見ただけの表面上の味ではなく、その内面に含まれた味である。この幽玄と云ふ思想が、日本の諸他の芸術には、何れも基本となつていたから、支那から墨画が入つて来ても直ちにこれを理解したのであり、又この墨画から枯山水と云ふ石や砂や樹木ばかりの庭園が発達する様になつたのである。だからこの幽玄と云ふことが解るためには、日本人でも相当な教養や洗練さを必要とするのである。

この傾向は、室町時代から茶といふものが流行しかけて一層発達したのであつて、多く室町時代の庭園がこの枯山水によつて表現されたのは当然なことである。(59)

右の引用を要約すれば、平安時代以来継承されてきた「幽玄」という概念が、中国から移入された諸芸術を「日本化」し、さらに、室町時代の茶の湯の影響をうけたことによって、枯山水のような様式が発達したという。「幽玄」とは、重森の日本庭園論を支える重要なキーワードであり、また、一九三〇年代に活発になる日本庭園の独

自性をめぐる議論においても、頻繁に動員された概念の一つであった。(60)

重森は「幽玄」の内実として、「音楽に於ける餘韻」と「もの静かな味」、そして「侘しい味」と「表面上の味ではなく、その内面に含まれた味」を挙げている。重森は、音や味といった隠喩を用いて「幽玄」を説いており、庭園を鑑賞する上での視覚性の相対化が図られているとも解釈できる。「幽玄」とは視覚だけに限定されず、体感的に得られることを示唆しているともいえるだろう。また、「幽玄」を理解するためには「日本人でも相当な教養や洗練さ」が不可欠であると述べているように、重森にとっての判断基準は、「素養」があるかどうかであった。ここに、西洋人の日本庭園理解をめぐる造園学者たちの議論と重森の見解の相違が示されている。すなわち、造園学者たちが西洋人は日本庭園を理解できないと断じたのに対して、重森は、西洋人か否か、あるいは日本人か否かではなく、庭園の「幽玄」を理解できるかどうかは、「教養や洗練さ」があるかどうかによるとみなしていたのである。

先に触れたように、重森は、日本庭園を理解するための素養が十分に備わっている施主や庭師、そして造園学者や鑑賞者が少ないと感じていた。「日本庭園に就ての座談会」（参加者―重森三玲、清水卓夫、林華香、松本新一、鍋島雄男）では、ほかの参加者たちも、「皆の勉強が足りない」（鍋島）、「今日の業界などがあまりに分科的で専門的過ぎると云ふことの弊害」（清水）といった指摘をしている。(61) 重森は、「如何なる美術も同様だがやはり一応は各庭園の様式とか手法とか云ふものが解つて来なければ、ほんたうに庭は解らない訳だから、庭の見方で一番いい方法と云へば、先づそれを勉強することだ(62)」と述べ、まずは庭の地割り、そして石組を学ぶ必要性を強調している。つまり、重森にとって、「日本庭園を理解する」とは、地割りや石組の知識があり、なおかつ「幽玄」を理解する「素養」があるか否かを意味していた。西洋人は日本庭園を理解していないと論じた多くの造園学者や知識人たちと、重森の見解の違いがここに明らかになる。

前章で扱った造園学者たちと異なり、京都の重森邸には、多くの外国人が訪れ、日本庭園についての質疑がなされており、海外からの訪問者に対して、重森は好意的な印象を抱いていた。*On Hundred Kyoto Gardens*（一九三六）の著者であるロレイン・カック（Lorain Kuck 生没年不詳）は、昭和一四年（一九三九）五月二九日に重森邸を訪れている。カックは重森に会う前には、すでに『日本庭園史図鑑』の全巻を「読破」していたという。カックについて、「藤原、鎌倉両期の庭園に就いて多数の質問さる。外人にして、これだけの研究は驚く他なし」と評している。[63] また、同年一一月一一日にはハーバード大学で庭園を学ぶ学生「サイモンズ氏、コリンズ氏」が午前と夜の二回にわたり重森邸を訪れ、熱心に日本庭園について質問したという。かれらは同年同月二二日にも重森邸を再訪している。重森はかれらについて、「若き学徒の前途甚だたのもしきことなり。もっと日本人の研究家続出せざれば寂しき限りなき」と日本庭園に対する関心に期待を感じる一方で、日本国内の研究状況を悲観してもいた。[64] その他にも、*Japanese Garden Construction*（一九三九）や *A Thousand Years of Japanese Gardens*（一九五三）の著者であるサミュエル・ニューサム（Samuel Newsome 生没年不詳）が同年の夏に重森を訪れている。[65] Newsome は、後に息子の完途と共ともに *Japanese Gardens: A guide to from and serenity in contemporary living*（一九六〇）を著したアメリカ人造園学者である。重森は西洋人の日本庭園に対する関心の高さを、直ちに体験した日本人専門家のひとりであった。実際の交流を通じて、重森はかれらの日本庭園に対する理解について、同時期の造園学者たちと対照的に好意的であったのだ。

また、先の引用では、中国を起源とする墨画が、平安朝から続く「幽玄」という土壌に吸収され、さらに室町時代に「日本化」して、そこから発達したのが「枯山水」だという重森の解釈が示されている。重森は別の論文でも「墨画の創始者は支那人だつたが、墨画的な美的構成を石に求めて完成させたのは日本人だつた[66]」と述べており、中国を起源とする墨画が、「幽玄」を介して石への表現となり、枯山水として発展し日本化したとの見解を示している。ここには、中国文化が日本の庭園に与えた影響に対して、重森と鼓常良が認識を共有していたことも示されている。すなわち、中国から導入された墨画（重森）や庭園様式（鼓）は、室町時代に発達した「幽玄」と禅、そして茶の湯の影響によって、より「日本化」されていったという認識である。

次に、重森が庭園における石の役割をどのように捉えていたかを確認しておきたい。重森は、庭園における石の使い方をとりわけ重要視していた。「石の美しさと申しますものは、彼の幽玄の美などといふものが相当に理解されて来なければ不可能なこと[67]」と述べるように、重森は「石の美しさ」を理解するにも、「幽玄」を理解していなければならないと考えていた。重森はさらに、石のもつ幽玄な美が発展したのは、「鎌倉時代から南北朝時代」であり、その時代の「禅宗の影響と宗画の影響」によるものであったと明言している[68]。

重森はまた、日本では、通常、庭園には偶数ではなく奇数分の石が用いられるが、その理由は、日本では、奈良時代以来、奇数の破調に「美的表現」を見出してきたためと説いている[69]。庭に配置される石の数と、奈良時代に成立した和歌の七五調とを接続することで、石庭の「美的価値」の起源は、八世紀にまで遡ることができるということになる。さらに重森は、「奈良朝以来」の破調の「美的価値」は、室町時代になってさらに成熟し、作庭の芸術性が益々高まっていったという認識を示している。

禅宗や茶の湯の影響を強く受けて、中世に庭園が芸術性を高めたという庭園史観、そして高い芸術性は石の使い方に特徴的に表れると主張した重森は、「名園」について次のように定義している。

例へば龍安寺庭や大仙院のごとく、自然とは全然別個な表現がされてあるにかかわらず、できあがつてゐる作品からは、別な意味の大きな自然美を味得る人は一通り庭園といふものの鑑賞眼のできた人といつてよい。だから、日本庭園にあつては、できるだけ自然性と隔離された表現をもつてゐて、しかもこの庭園型式から最も自然として大きな芸術を通して自然の美が発見できるものでなければ名園といへないのである。(70)

「名園」とは、「自然と隔離」されながらも、「自然の美」を見出すことのできる芸術性を備えていることが条件であるとし、具体例として龍安寺と大徳寺大仙院が挙げられている。龍安寺（一四五〇）も大徳寺大仙院（一五〇九）も室町時代に京都に建立された臨済宗の禅刹であり、両寺院の方丈は、日本を代表する枯山水様式の庭園をもつ。龍安寺と大仙院の庭園は、重森が論じた庭園論の重要な諸要素を、すべて兼ね備えた「名園」と位置づけられたのである。

また、上の引用で、重森が「鑑賞者」に言及している点にも注目したい。重森は「鑑賞眼のできた人」のみが、龍安寺や大仙院の表現を味わうことができると限定しており、鑑賞者に一定の役割が与えられている点は、「芸術家は鑑賞者に多くの活動の余地を残しておく」と論じた鼓常良の芸術観に通じていると解釈できる。さらに、眼前の作品から「別な意味の大きな自然美」を味わうという重森の解釈には、鼓が提示した「断片性」という概念を適用することができるだろう。

室町時代の禅文化と茶の湯文化の融合と発展によって日本の芸術は中国文化の影響から解放され、「庭園の日本化」が確立されたという庭園史観や、石の使い方に日本的な独自性を見出すなど、鼓常良と重森三玲の庭園観には、いくつもの共通項を確認することができる。鼓常良と重森三玲が唱えたような日本庭園に対する解釈や理解は、造園学の内部からも、同時代にわき起こっていた。次に、造園学者たちによる一九三〇年代の庭園論の概要についてまとめたい。

(4) 造園学者たちによる西洋向けの日本庭園論

以下では、造園学の草創期に重要な役割を果たした龍居松之助と田村剛が、一九三〇年代に欧文で著した庭園論を考察する。造園史を専門とする龍居松之助は、東京高等造園学校の設立に関わった後、二代目校長を務め、一方の田村剛は、東京帝国大学で林学を学んだのち、同大農学部で教鞭を執り、その後、造園学会長に就任した。龍居も田村も、大正期から昭和初期にかけての造園学の発展に直接的に関わる立場にあり、造園学の教材として使われる専門書の執筆も多く手がけ、造園学研究に大きく寄与した人物である。この二人が、一九三〇年代に相次いで、欧文による庭園論を発表したことに着目したい。龍居松之助は、昭和九年(一九三四)に、日本交通公社からガイドブックシリーズのひとつとして *Japanese Gardens* を、そして田村剛は、昭和一一年(一九三六)に国際文化振興会から、*Art of The Landscape Garden in Japan* を出版した。ほぼ同時期に、「西洋」に向けて出版された二人の庭園論は、どのような特徴をもち、先の鼓や重森の庭園論とどのような関係に位置づけることができるのかを明らかにしていきたい。

龍居松之助の *Japanese Gardens* は、庭園史と庭園の基本様式の紹介、そして庭園内の諸要素(石や植物、燈籠や手水鉢など)と実在する庭園の案内が主な内容となっている。文末には参考文献として、ジョサイア・コンドル(*Landscape Gardening in Japan* 一八九三)とデュケーン(*The Flower and Gardens of Japan* 一九〇八)、そしてバジル・テイラー(*Japanese Gardens* 一九一二)とピゴット(*The Garden of Japan* 一八九六)、さらに原田治郎（*The Gardens of Japan* 一九二八）と鼓常良（*Die Kunst Japans* 一九二九）など英文で執筆された日本庭園論が挙げられている。

Japanese Gardens の庭園史の章では、朝鮮半島から庭園文化がもたらされた六世紀から、江戸時代までの様式の特徴や時代背景が紹介されている。以下、龍居の庭園史を要約すると、奈良時代の庭園には、中国文化が色濃く反映されていたが、平安時代に寝殿造りが誕生したことに伴い、庭園の「日本化」が始まった。鎌倉時代に禅宗が伝わると、禅の教えは建築や風景画などに影響を及ぼすようになり、禅僧は「芸術家」としての役割も担うようになった。足利義政（一四三六－九〇）を中心に東山文化が栄えた室町時代中頃に、庭園文化の発展は「頂点」に達し、石を用いた立体的な水墨画のような庭園が誕生した。平安時代には野外の娯楽であった庭園は、この頃から神聖で閉ざされた空間となった。安土桃山時代も引き続き庭園文化は発展したが、室町時代とは異なる豊かな色彩で装飾的な芸術性が求められるようになっていった。一方で、それとは対照的な「elegant simplicity（優雅な簡素さ）」を好む美意識も誕生し、それを具現化したのが茶の湯と茶庭であった。茶庭には、洗練されて静謐な「an air of Zen Buddhism（禅の雰囲気）」が漂っており、禅は茶の湯文化に影響を及ぼし続けた。江戸時代には、広大な敷地を用いて開放的な回遊式の「大名庭園」がうまれ、そのうち現存するものは見学が可能であることを案内して、庭園史を終えている。

庭園の基本様式については、秋里籬島の『築山庭造伝』に基づき、築山（高低差のある庭）と平庭の真・行・草のそれぞれの型と、茶庭の合計七つの型が紹介されている。また、平安時代に中国の四神相応に基づいた「迷信」が作庭に取り入れられるようになって以降、その風習は近代まで続いたと伝えている。一九三〇年代とは、コンドルが江戸時代の作庭書に依拠したことや、「迷信」を信奉し続けているような誤解を生んだことへの批判が噴出した時期であるが、龍居の*Japanese Gardens*には、そうした批判的な見解は示されてはいない。本書の後半部分は、京都の寺院庭園だけでなく、東京に現存する大名庭園や全国各地の庭園を写真付きで紹介し、それぞれの見所や沿革を伝えている。

以上のように、本書は、ガイドブックという性質上、外国人観光客に基本的な、あるいは最低限の情報を提供することを目的に、批判的な見解を含むことなく、簡潔にまとめられたと考えられる。日本庭園の独自性を主張した鼓や重森と龍居では、執筆の目的や想定される読者層が異なることは明らかだが、それにも関わらず、ここには共通する点も含まれている。それは、室町時代を庭園文化の発展の「頂点」とみなす庭園史観と、茶庭には禅文化の影響が及んでいることを強調する「茶禅一味」ともいえる主張である。鼓と重森に共通するような庭園観が、造園学者である龍居によってガイドブックという媒体を通じ、外国人観光客に向けて発信されたといえるだろう。

一方、田村剛の*Art of the Landscape Garden in Japan*の冒頭には、昭和一〇年（一九三五）に来日したアメリカン・ガーデン・クラブへの献辞が記されており、同クラブの来日が執筆の直接的な動機の一つであったことがわかる。本書は、後の昭和一二年（一九三七）にパリで開催された万国博覧会にあわせて、フランス語にも翻訳された。外国人向けのガイドブックである龍居の*Japanese Gardens*と比較すると、本書では、より詳細な庭園史や様式論が説かれている。本書も、龍居と同様に田村がいわば外国向けに用意した庭園論であるが、禅文化と茶の湯文化の影響を日本庭園の「芸術性」の発展の重要な画期とみなす点や、日本庭園の石組がいかに西洋と異なり独自の法則を保っているかを強調する点など、龍居の書よりもむしろ先の鼓や重森の庭園論と多くを共有している。

田村は、「足利時代（Ashikaga period）」を、「庭園芸術のもっとも優れた時代（the greatest age of our garden art）」と位置づけ、室町時代に庭園の芸術性がもっとも発展したという庭園史観を示している。田村の庭園史は、七世紀の記述から始まり、その後、平安時代の寝殿造りの成立に伴い庭園芸術が京都を中心に発展したことや、当時の池と中島の造営方法や遣り水の引き方などについても詳述している。以下、田村の庭園史をまとめると、鎌倉時代に禅が導入されたことによって、自然観や人生観、そして美意識がそれまでと劇的に変化し、庭園の芸術性も変化した。平安時代には「開かれていて、明るく、そして色とりどり（open. sunny and colorful）」の庭園が好まれたが、室町時代には、禅文化の発展に伴って、「暗がり（shadiness）」や「ほの暗さ（dusk）」が好まれるようになり、墨画や茶の湯、そして庭園にこれらの要素が共通して現れるようになった。「ほの暗さ（dusk）」とは、悟りの境地を夕暮れの深遠さに見出すという禅の哲学に由来しており、そこには芸術性が宿っているという。「ほの暗さ」を好むことから、庭の「眺望」が遮られており、部分的にのみ示された諸要素から、奥行きや空の高さなどを想像させるような構造が好まれるようになった。こうした特徴を、「眺望」が広がる明るい空間が好まれる西洋の庭園と対置している[71]。

田村は、茶の湯の自然主義と質素さを好む点は、禅僧が山奥で修行や瞑想に取り組むことと「同質（akin）」であると述べ[72]、茶庭には、禅宗寺院のような人里から離れた雰囲気を醸し出す必要があると論じている。田村が論じる茶庭と禅の関係性は、禅文化と茶の湯文化の親縁性を強調した鼓や重森、そして龍居らの庭園論にも共通している。彼らと同様に、田村もまた禅文化と茶の湯文化の融合が、庭園の芸術性に変化を生じさせたという解釈を示していた。

さらに、田村は、日本庭園では石が芸術的要素として重要な役割を果たす点を強調しており、鼓や重森が石を重要視したことと重なってくる。田村は、日本人には生まれながら「石」に対する愛好があるとも述べており、石のもつ美しさを日本人は生まれつき感じることができると表現した小泉八雲の文章を想起させる（第二章）。田村が日本庭園の「最高傑作（the greatest work）」と挙げたのも、鼓や重森と同様に龍安寺と大徳寺大仙院の石庭であった。[73] 田村剛は、庭園史観や石の重要性に対する認識を鼓や重森と共有していたといえるが、ここで、三者が異なる点についても触れておきたい。田村は石の重要性を強調しつつも、植栽と水の用法についても庭園における重要な要素と位置づけ、植物の種類と石組とのバランス、そして遣り水や池の配置にまで言及している。鼓や重森と比較すると、田村は植物や水についてより専門的な情報を提供し、技術的な知識を加えている。

最後に、田村が、茶の湯と茶庭が江戸時代に次第に「定型化」していったと批判している点を、鼓や重森と比較してみたい。因習に囚われ、型にはまることを意味する「conventionalism（慣例主義）」という語をたびたび用いて、田村は江戸時代中期以降の茶の湯と茶庭は芸術性や創造性を失い、型に拘泥する「formalism（形式主義）」に陥ったと指摘している。さらに、江戸時代前期までに地泉式と平庭、そして茶庭というすべての様式が出そろい、その後は、作庭における「tedious rules（冗長な規則）」が生まれ、石や水の配置などに関する「superstition（迷信）」や「occult（秘技）」が出回ったりしたこと、そして、単に名勝を縮尺して模倣したような庭園が多く作られるようになったことを難じている。[74] かつては、禅僧や画家、そして茶人や歌人などが作庭を手がけていたが、江戸時代中期以降には庭だけを専門とする「庭師」たちが誕生したことによって、多くの庭園から芸術性が失われたという。[75]

重森もまた、江戸時代前期に桂離宮が作庭されてから江戸時代中期以降は、庭園全般の定型化が進み芸術性が失われていったと難じ、江戸時代後期に出版された作庭書を厳しく批判したことは先に触れたとおりである。

また、鼓常良は『日本芸術様式の研究』で、明治時代に作庭された無鄰庵庭園の借景に言及しているものの、桂離宮が築造されて以降の江戸時代の庭園について触れておらず、江戸時代中期から後期にかけては、日本芸術の独自性を論じるに相応する庭園が不在であると判断したとも解釈できる。龍居の *Japanese Gardens* のように、江戸時代への批判を展開しない事例もあるが、重森や田村が示したような江戸時代を芸術性の喪失の時代とみなす庭園史観は、一九三〇年代には多くの識者たちに共有されたものであった。

5　おわりに

美学者と作庭家、そして造園学者という立場から、日本庭園の独自性がいかに論じられたのか、そこにはどのような論理が働き、どのような共通点があったのかを、まとめておきたい。共通点としては、まず、室町時代を日本庭園史の重要な画期とみなしていたことが挙げられる。室町時代が、庭園の芸術性の確立の時代とみなされた一方、江戸時代半ば以降は、「定型化」が進み、禅僧や茶人たちに代わって「庭師」が作庭を手がけるようになった結果、芸術性の喪失の時代と位置づける庭園史観も共有されていた（重森、田村）。また、禅と茶の湯の親縁性を説き、茶庭の成立に禅文化の影響が及んでいること、それが日本庭園の発展に重要な役割を果たしたこと、さらに茶人を芸術性に富んだ作庭家とみなす庭園観も共通して見出すことができた。また、石組みの重要性を説き（鼓、重森、田村）、鑑賞者の態度を重要な一部とみなす（鼓、重森）などの点においても、認識を共有していたといえる。

鼓と重森、そして田村は、日本庭園の独自性が表れている名園として、龍安寺方丈と大徳寺大仙院の石庭を挙げている。室町時代に完成した禅刹の石庭を日本の代表的な名園の事例として挙げる言説は、鼓らに限らず、一九三〇年代には分野を横断して量産されていった。これらの庭園の多くは、すでに秋里の『都林泉名勝図絵』（一七九九）にも「名勝」として紹介されており、近代にはいって創られた「名園」とはいえない。しかし、一九三〇年代の言説において、室町時代に建立された禅刹の石庭は、禅の影響をうけて発展した茶庭とともに、日本庭園の独自性を具現化するものとして、西洋芸術との並列、あるいは、その超克を図るという役割を担わされていったといえるだろう。こうして一九三〇年代の言説空間で、龍安寺や大仙院などの石庭は、西洋の芸術作品に匹敵し、あるいはそれをも上回る芸術性に富んだ「傑作」として、その地位を不動のものに確立していったのである。

一九三〇年代の時流を反映しつつ、庭園をめぐる言説においても「古典」への回帰ともいえる現象や日本庭園の独自性や芸術性を言語化しようとする動きがそれまで以上に活発になり、ナショナリズムの高揚をも見て取ることができる。しかしながら、重森三玲のように、日本庭園を理解するために必要なのは、「素養」であって、西洋人か否かではないという基準が存在しており、すべての言説が、ナショナリスティックな文脈だけに還元できるわけではない。

日本庭園を理解するとは何を意味しているのか、誰が理解しているのかという問いについて、ナショナルなコンセンサスが共有されていたというよりは、むしろ、多層的な見解が混在しており、そこには、造園学と文化人らの棲み分けといった学問領域と関連する業界の細分化などの国内事情も大いに反映されていた。また、一九三〇年代には、あらゆる分野の雑誌媒体が増加し、専門誌以外にも庭園について論じることができるプラットフォームが構築されたことも、この時代の言説を理解するうえでの重要なファクターであろう。

本章で扱った人々の関係性は、明確に一方から他方への影響関係として捉えられるようなものではない。一九三〇年代半ば以降、造園学者が鼓常良などの美学者による文献を日本庭園理解のための参考書としてあげるなど、直接的な影響関係が明らかな場合もある。[76]しかし、一九三〇年代の言説空間の特徴とは、因果関係として捉えようとするよりも、むしろ、同時多発的に庭園の独自性が議論の対象になったことに集約されているといえるだろう。日本庭園の独自性をめぐる議論の諸相には、他者としての西洋からの視線と自己規定の葛藤という日本庭園像の形成の過程が映し出されているのである。室町時代に作庭された禅刹の石庭と茶庭に最も日本的な芸術性が宿っているという言説は、こうして論理的な支柱を獲得し、その後、量的にさかんに複製される状況がみられるようになっていった。

註

（1）「日本庭園に就ての座談会」『林泉』第二〇号、一九三六年、二三一－二三八頁。
（2）田中秀隆「茶道全集と利休・芸術・生活」五十殿利治・河田明久編『クラシックモダン』せりか書房、二〇〇四年、一七六－一八九頁、引用箇所は一八六頁。このほか、熊倉功夫ほか編『花道去風流七世西川一草亭風流一生涯』（淡交社、一九九三年）には、西川一草亭と近代数寄者との交流とかれらに及ぼした影響について詳しく論じられている。
（3）「書と画と庭園を語る座談会」『瓶史』第八巻新年特別号、一九三七年、三一－四五頁。引用箇所は四四頁。
（4）志賀直哉の発言、「書と画と庭園を語る座談会」『瓶史』四五頁。
（5）谷川徹三の発言、「書と画と庭園を語る座談会」『瓶史』四五頁。
（6）和辻哲郎、安倍能成、谷川徹三、茅野蕭々、茅野雅子、西川一草亭「座談会―風土と文化」『瓶史』第七巻夏季特別号、一九三六年、一－一九頁。引用箇所は和辻哲郎の発言、一六頁。

（7）安倍能成の発言、「座談会―風土と文化」『瓶史』一六頁。
（8）西川一草亭の発言、「座談会―風土と文化」『瓶史』一六頁。
（9）同右。
（10）同右。
（11）同右。
（12）龍居松之助の談。「造園雑話」（座談会参加者―茅野蕭々、茅野雅子、龍居松之助、津田青楓、西川一草亭）『瓶史』第八巻夏の号、一九三七年、一―九頁。
（13）茅野蕭々、茅野雅子、龍居松之助、津田青楓、西川一草亭「造園雑話」『瓶史』第八巻夏の号、一九三七年、一―九頁。
（14）『林泉』第二〇号、一九三六年、二三二―二三八頁。
（15）森蘊『桂離宮』創元叢書（一九五一）や『桂離宮の研究』東都文化出版（一九五五）、尼崎博正『図説茶庭のしくみ―歴史と構造の基礎知識』淡交社（二〇〇二）など。
（16）和辻哲郎「座談会―風土と文化」『瓶史』一五頁。
（17）谷川徹三の発言。「庭園を語る座談会」（参加者―室生犀星、金原省吾、谷川徹三、堀口捨巳、板垣鷹穂、西川一草亭、吉川元光）『瓶史』第六巻新春特別号、一九三五年、一―一七頁。引用箇所は三頁。
（18）田村剛「庭園における茶道の功罪」『瓶史』第七巻春の号、一九三六年、四六―九頁。引用箇所は四九頁。
（19）同右。
（20）同右。
（21）一九三〇年代についての参考文献は、佐々木隆爾編『昭和史の事典』東京堂出版、一九九五年。
（22）佐々木隆爾編『昭和史の事典』東京堂出版、一九九五年、八〇頁。
（23）中島裕喜「ラジオ産業における生産復興の展開」『経営論集』第七一号、二〇〇八年三月、一四―二九頁。
（24）山口誠「「放送」をつくる「第三組織」―松下電器製作所と「耳」の開発」『メディア史研究』第二〇号、二〇〇六年五月。
（25）宮内康「ファシズムと空間」同時代建築研究会『悲喜劇一九三〇年代の建築と文化』現代企画室、一九八一年、二九－六三頁。
(26)「建築の一九三〇年代シンポジウム・三〇年代をどう見るか」同時代建築研究会『悲喜劇一九三〇年代の建築と文化』（参加者—磯崎新、長谷川堯、植田実、堀川勉、宮内康、布野修司、北川フラム）六五－一二〇頁。引用は磯崎新の発言、七八頁。
(27) 宮内前掲論文（註25）、引用箇所は六〇頁。
(28) 同右。
(29) 熊倉功夫『近代茶道史の研究』日本放送出版協会、一九八〇年。
(30) 田中前掲論文（註2）一八六頁。
(31) 熊倉功夫『近代茶道史の研究』二七九－二九五頁。
(32) 西川一草亭については、以下を参照した。田中前掲論文（註2）。熊倉編前掲書（註2）。
(33)「庭園を語る座談会」（参加者—室生犀星、金原省吾、谷川徹三、堀口捨巳、板垣鷹穂、西川一草亭、吉川元光）『瓶史』新春特別号、一九三五年、一－一七頁。引用箇所は一七頁。
(34) 一九三〇年代の美術については、以下を参照した。辻惟雄『日本美術の歴史』東京大学出版会、二〇〇五年、三八九－四〇五頁、酒井哲朗「一九三〇年代の日本美術」三重県立美術館『二〇世紀日本美術再見Ⅲ—一九三〇年代』、一九九九年九月、四－一〇頁。
(35) 河田明久「「青年美術家」と憧れの「古代」」『クラシックモダン—一九三〇年代の芸術』、一四頁。
(36) 酒井前掲論文（註34）、引用箇所は六－七頁。
(37) 辻前掲書（註34）三九九－四〇一頁、酒井前掲論文（註34）七頁。
(38) 酒井前掲論文（註34）五－六頁。辻前掲書（註34）四〇一－四〇五頁。
(39) 一九三〇年代の東洋美学については、稲賀繁美「日本美術像の変遷—印象主義日本観から「東洋美学」論争まで」『環—歴史・環境・文明』第六号（藤原書店、二〇〇一年、一九四－二一二頁）を参照した。
(40) 鼓常良「「借景」といふこと」『瓶史』第七巻、一九三三年、九－一四頁。同『日本芸術様式の研究』内外出版印刷、一九三三年。同『東洋美と西洋美』敞文館、一九四三年。

(41) 鼓常良『日本芸術様式の研究』七九－八〇頁。
(42) 同右、八一－八三頁。
(43) 同右、一二三頁。
(44) 同右、一三一頁。
(45) 同右、一二九－一三〇頁。
(46) 昭和の初期には、相阿弥のほか、江戸時代初期の茶人で宗和流の始祖である金森宗和（一五八四－一六五六）も、龍安寺の作庭家として名前が挙がることもあり、京都の有名な寺院庭園の作庭家については、諸説が入り交じっていた状態であった。
(47) 鼓常良『日本芸術様式の研究』、一四一頁。
(48) 同右、一四四－一四五頁。
(49) 鼓常良「「借景」といふこと」、一四頁。
(50) 鼓常良『日本芸術様式の研究』、一三二頁。
(51) 鼓常良「「借景」といふこと」、一二頁。
(52) 鼓常良『日本芸術様式の研究』、一四三頁。
(53) 同右、一三二頁。
(54) 鼓常良「「借景」といふこと」、一一頁。
(55) 鼓常良『日本芸術様式の研究』、一一七頁。
(56) 鼓常良「「借景」といふこと」、一二頁。
(57) 上原敬二『この目で見た造園発達史』「この目で見た造園発達史」刊行会、一九八三年、一七頁。
(58) 重森三明「作庭家—重森三玲について」『Luca no.6 エスクァイア臨時増刊号』エスクァイア・マガジン・ジャパン、二〇〇四年。
(59) 重森三玲「日本の庭園」『林泉』第五号、一九三五年、一三三－一六三頁。

(60) 造園学者の上原敬二は、「日本庭園における神秘性」(『林泉』第五号、一九三九年、五〇‐五七頁)や「日本庭園に於ける表現法」(『林泉』第五号、一九三九年、一七八‐一八一頁)において、日本庭園の「幽玄」を理解できるのは日本人のみであり、それは「国民性的伝統」であると述べたり、造園学者で農学者の小寺駿吉(一九〇一‐一七五)も、「日本庭園という独自の幽玄な芸術構成は四次元の世界を想像することによってのみ理解し得られるのであるとも言うことが出来るのである。」(「時局下造園界の諸問題」『造園研究』第三六輯、一九四一年、一‐四〇頁)と述べるなど、「幽玄」は日本庭園の独自性を象徴する概念として、頻繁に用いられた。一九三〇年代の庭園に関わる言説における「幽玄」については、拙稿片平幸「庭園をめぐる「わび・さび・幽玄」―一九三〇年代における「幽玄」を中心に」(鈴木貞美・岩井茂樹編『わび・さび・幽玄―「日本的なるもの」への道程』水声社、二〇〇六年、四四九‐四八二頁)において論じた。

(61) 「日本庭園に就ての座談会」『林泉』第二〇号、一九三六年、二三一‐二三八頁。引用箇所は二三四‐二三五頁。

(62) 重森三玲の発言、「日本庭園に就ての座談会」『林泉』第二〇号、一九三六年、二三二‐八頁。引用箇所は二三六頁。

(63) 重森三玲「林泉日録抄(一)」『林泉』第六一号、一九四〇年、二一‐二八頁。引用箇所は二三頁。

(64) 同右。引用箇所は二四頁。同年の一二月一一日と二二日に、ハーバード大学の学生で庭園研究のために来日した「サイモンズ氏、コリンズ氏」が訪れたとあるが、かれらの経歴は不明である。

(65) 重森前掲論文(註63)。ニューソム・サミュエル(Newsom Samuel)が重森邸を訪れたのは、一九三九年八月一九日。

(66) 重森三玲「庭にひたる」『林泉』第四三号、一九三八年、一五七頁。

(67) 重森三玲「庭園講座　石組の築造と観賞」『林泉』第九号、一九三五年、二七九‐二八三頁。

(68) 同右。

(69) 重森三玲「七五三の庭寸考」『林泉』第七三号、一九四一年、九‐一一頁。

(70) 重森三玲「日本庭園の観賞法」『林泉』第二号、一九三五年、五六‐五九頁。

(71) 田村剛 *Art of Landscape Garden in Japan* 一九三六年、一二頁。

(72) 同右、二七頁。

(73) 同右、二五頁。
(74) 同右、三二頁。
(75) 同右、四五頁。
(76) 江山正美の「東洋芸術思想から見た日本庭園」(『造園研究』第一八輯、一九三六年、三五―四五頁)や、椙西貞雄の「日本庭園における日本的なるもの」(『造園雑誌』第七巻第二号、一九四〇年、四一―四八頁)など造園学の論文では、鼓常良の『日本芸術様式の研究』が参考文献として挙げられている。

最終章　西洋における日本庭園論のパラダイム・シフト

1　西洋からの眼差しと日本側の応答

第一章から第五章まで、明治以降の西洋における日本庭園理解と、それに対する日本側の応答という往還を考察し、日本庭園の独自性や芸術性が確立されていくプロセスを明らかにすることを試みた。一九三〇年代に輪郭がはっきりとしてきた日本庭園観とは、室町時代を庭園文化の発展の頂点とみなす一方で、江戸時代中期以降を庭園の芸術性の喪失の時代と対置する庭園史観に基づき、禅と茶の湯の文化的な融合から、日本庭園の独自性と芸術性が確立されたとみなすものであった。こうした日本庭園観は、一方から他方へ影響して形成されていったというよりは、一九三〇年代の雑誌を中心とした言説空間に、同時多発的にそれぞれの視座から提示されたものであった。

本章では、これまで明らかになった点を確認し、再び西洋の日本庭園論に目をむけてみたい。

第一章では、西洋諸国で現在に至るまで古典的な文献として位置づけられているジョサイア・コンドルの *Landscape Gardening in Japan*（一八九三）が、まず、西洋の庭園に対する批判に立脚して執筆されたこと、そして作庭に関する実践的な情報が中心であり、庭園の思想について関心が低いなどの特徴をもつことを確認した。また、コンドルが近世の作庭書に依拠しながらも、それらに学術的な距離を保ち独自の解釈を交えたものであったことも明らかになった。ほかにも、*Landscape Gardening in Japan*（一八九三）に添付された写真のほとんどが、東京の庭園を撮影したものであり、個別の庭園の作者や作庭年代について言及しないこと、また、京都などにある特定の「名園」や「名匠」に対する言及がほとんどないことなどの特徴があることもわかった。

コンドルの著作は、一九世紀末から二〇世紀初頭に出版された西洋人の日本庭園論の多くに参照されていった。チェンバレンやハーン、ラファージなど、明治時代に来日した外国人たちの関心は生活文化のなかの庭に向いており、コンドルと同様に、寺院庭園や作庭家などに対してほとんど言及しないという特徴を共有していた。これは一九三〇年代以降の西洋人たちの日本庭園論との大きな相違点として指摘できる。作庭に関する基礎知識を中心として、庭園の背後にあるやもしれない思想性にほとんど触れない、また、いわゆる名園や名匠に関する言及がほとんどないといった点を特徴とするコンドル・パラダイムに、一九世紀末から二〇世紀初頭の西洋人の日本庭園論の多くが属していたといっていいだろう。

そうしたコンドル・パラダイムに転換をもたらした一つの契機として、原田治郎の *The Gardens of Japan*（一九二八）を位置づけることができる。原田は、茶の湯と禅、そして「渋み」の結合を日本庭園史の画期と捉え、その結実を室内から鑑賞する庭園の誕生に見出すという日本庭園論を提示した。原田は、禅と茶の湯が庭園の発達に大きな影響を与えたことや、室内から眺める庭園において、鑑賞者の連想や想像が重要な一部であることを岡倉天心に依拠しながら論じるなど、それまでのコンドルらの言説からは見出すことのできない論点を英語圏の読者たちに示したのであった。つまり、日本人自身が提示したいわば日本庭園の「自画像」が、西洋の日本庭園論のパラダイム・シフトの重要な契機の一つとなったのだった。

原田治郎の *The Gardens of Japan*（一九二八）は、日本国内においては、現在に至るまでほとんど顧みられることはないが、西洋人の日本庭園論には、日本人としては突出した頻度で参照され、近年にもアメリカで復刻版が出版されるほどである。原田は、庭園史はもとより、美術史によって取り上げられる作家や思想家、そして批評家という分類には属さず、通訳や翻訳といった実務に徹した媒介者であった。第三章では、実務者の「個」の役割を明らかにすることで、これまでの庭園研究における交流史的な視点の不在と、実務者への関心の希薄さという方法論上の問題点を指摘することもできたであろう。

一方、日本国内では、一九二〇年代半ば以降、造園学者たちは徐々に日本庭園に注がれる西洋からの眼差しを自覚するようになり、さらに一九三〇年代になると、西洋で高まる日本庭園に対する関心に「応答」するようになっていった。その最も顕著な例が、佐藤昌や針ヶ谷鐘吉といった研究者たちが、一九三〇年代に相次いでコンドルの日本庭園論に検討を加え、評価を下したことである。コンドルが近世の作庭書を参考にした点のみが特化され、否定的な評価が次々とくだされるようになっていった。コンドルの評価は、かれの立脚した文脈がほとんど考慮されることのないまま、つまりある種の誤解とミスコミュニケーションが介在したままなされたのである。さらに、コンドルの影響をうけた西洋人の日本庭園論に批判は向けられるようになり、「外国人には日本庭園が理解できない」といった言説が、一九三〇年代のメディアに横断的に出現するようになっていった。ここには、西洋的な庭園理解、あるいは西洋産の造園学的理解には還元され得ない「独自性」を日本庭園が有するという主張が台頭してきた様子も映しだされている。

一九三〇年代は、日本庭園の独自性の模索、あるいは芸術性の規定に関する言説が同時多発的に高揚した時期であった。欧米人の日本庭園理解に対する誤解と不満が生まれるなかで、龍居松之助や田村剛といった日本の造園学者たちは西洋向けの日本庭園論を準備していく。それと平行して、日本芸術の独自性を立証するために、庭園を事例として選択する鼓常良のような美学者の存在があった。美学という異なる立場から提示した概念や理解の枠組は、同時代の造園学者たちによる日本庭園の独自性をめぐる議論とほぼ連動していた。また、造園学とも美学とも異なる立場から、日本庭園の特質をめぐる議論をもっとも活発に行った人物として作庭家の重森三玲がいる。庭園の芸術性を音楽や和歌に準えた重森三玲は、室町時代の禅文化から生まれた京都の庭園と、生活と芸術の親和性を具現した茶庭にもっとも芸術的な価値と日本の独自性があると論じ、江戸時代に発展した回遊式庭園を芸術性に乏しい様式として対置した。鼓が室町時代の茶人をルネサンス期の芸術家に準え、さらに禅の影響を重要とみなしたように、重森も、禅と茶の湯によって日本庭園が独自の芸術性を確立したという庭園観を提唱した。鼓や重森のように、造園学の「そと」でも、室町時代の禅文化と茶の湯の融合によって庭に高い芸術性が宿ったとする日本庭園論が、分野を超えて共有されていったのが一九三〇年代であった。こうした日本庭園像の形成は、同時に、江戸時代中期以降を「定型化」が進み、芸術性が失われた時期とみなす価値観の共有化をも意味していた。

2　西洋における日本庭園論のパラダイム・シフト

再び、西洋における日本庭園論に目を向けてみたい。

一九三〇年代に国内で日本庭園像が形成されていった一方で、西洋における日本庭園論にも重要な変化が生じていた。昭和九年（一九三四）にイギリスの人気雑誌*House & Gardens*の編集者であったリチャード・ライト（Richardson Wright 生没年不詳）が出版した*The Story of Gardening From the Hanging Gardens of Babylon to the Hanging Gardens of New York*には、「Old Japan」と称する日本庭園について扱った章がある。本書では、世界各国の庭園の歴史や特徴が紹介されており、「Old Japan」というわずか一三頁の章ではあるが、そこには、「Effects of Zen Buddhism（禅の影響）」や「The Tea Ceremony（茶道）」といった項目が立てられ、日本庭園における禅と茶の湯の影響の重要性が強調されている。それまでの西洋人による日本庭園論が、コンドルの*Landscape Gardening in Japan*（一八九三）を介して江戸時代の作庭書の影響が及んでいたのに対して、ライトは、コンドルの著作を参考文献として読者に紹介しつつも、限られた紙面で禅や茶の湯の影響を抜粋して論じており、ここにコンドル以降に構築されていたパラダイムからの脱却が見て取れる。

もう一つ「Old Japan」に特徴的であるのは、ライトが日本庭園を、日本美術の文脈に位置づけて解釈を示していることである。ライトは、日本の庭に、日本美術の特徴を見出し、さらに禅文化との関係性にも言及している。

> It is one of the characteristics of Japanese art that the artist seems never to complete his work- the print seems unfinished, the garden lacks some final reality. And therein lay a principle of the Zen Buddhistic belief- each devotee, by his inner illumination, was capable of finishing the picture or the garden himself, according to his own light. A few suggestions sufficed to arouse his intuitive perceptions.(1)

> 芸術家が作品を未完成にみせるのは、日本美術の特徴の一つである。絵画は未完成にみえ、庭園は最終的な実相を欠く。そこには、禅の原理が通底しているのである。すなわち、帰依する者それぞれが、内なる輝き

によって、自分自身の光に従い、絵画や庭園を完成させることができるのだ。直観的な知覚は、ほんの少しの暗示で十分に呼び起こすことができるのである。

上記の引用でライトは、未完の美術作品を完成させるまでの行程を禅の悟りに達するまでの過程に準えている。文中の「devotee」は通常「帰依する者、信者」などと訳されるが、ここでは鑑賞者を意味する「viewer」に置き換えることが可能であろう。すると、ひとりひとりの鑑賞者は、自らが作品を完成させるための「一部」であるため、絵画や庭園は敢えて未完成で何かを欠いているようにみえるという解釈になり、庭園が美術の範疇であることが示唆される。また、ライトは、鑑賞者が作品の一部として機能を果たすことは、とくに「枯山水」に顕著であると論じている。水を用いずに水を表現する枯山水様式では、「The Imagination provides the water!（想像力が水をもたらすのだ！）」、「The inner perception of the beholder brings in the tide again!（鑑賞者の内なる知覚が波を再び引き起こすのだ！）」と、みる者の連想（logical association）によって、「想像上の水」が流れていると説明している。(2)

では、鑑賞者の参加を重要とみなすライトの庭園観は、どのように形成されたのだろうか。

「Old Japan」の章の参考文献には、コンドルの他、バジル・テイラー（Mrs. Basil Taylor 生没年不詳）の *Japanese Gardens*（一九一二）と、(3)原田治郎の *The Gardens of Japan*（一九二八）が挙げられている。テイラーは、コンドルやラフカディオ・ハーンを参照し、いわゆるコンドル・パラダイムに属しているのに対して、先述のとおり、原田は、室町時代の庭園の芸術性を重要視し、岡倉天心を引用するなどして美術としての鑑賞方法を提案したことからも、ライトの理解は原田の庭園解釈に近いといっていい。第三章で論じたように、原田治郎はイギ

リスの美術雑誌 *The Studio*（一八九三年創刊）で、一九一〇年頃から日本美術に関する記事を担当しており、原田の日本美術論をライトが自身の庭園解釈の下地にしたことは十分に可能である。また、推察の域を超えないが、ライトが日本庭園を美術の文脈に位置づけ、鑑賞者の役割の重要性に言及した背景には、原田だけでなく、岡倉天心による日本美術論の影響も考えられる。

岡倉天心は、明治三九年（一九〇六）にニューヨークの出版社から *The Book of Tea*（『茶の本』）を刊行し、日本芸術における鑑賞者の役割の重要性や、禅と道教が及ぼした影響などを既に論じていた。*The Studio* でも原田治郎が執筆を始めるより以前の明治三五年（一九〇二）に、日本美術に関する概論を寄稿していることから(4)も、岡倉天心が影響を及ぼし得た可能性を提示しておきたい。また、鑑賞者の想像力が作品の重要な一部であるという解釈は、それまでの伝統的な芸術観からの脱却をはかり、より抽象的な表現へと推移していった二〇世紀西洋のモダン・アートの理念にも符号している。こうした時代背景を踏まえると、ライトの「Old Japan」は、英語圏の読者たちに、日本庭園がモダン・アートとして鑑賞しうることをも示唆したという可能性もある。

さらにライトの日本庭園論には、多くの点で鼓常良や重森三玲、そして田村剛の庭園論との親縁性も認められる。つまり、コンドル・パラダイムからシフトした日本庭園論と、日本国内で形成されつつあった日本庭園論とは多くの点で一致していた。一九三〇年代とは、国内外の言説が連動するかのように、ひとつの日本庭園像が形成された時期であった。

こうしたいわばコンドル・パラダイムからのシフトは、ライトだけでなく、この時代の英語による日本庭園論に徐々に現れるようになってくる。そうしたパラダイム・シフトを象徴的に示すのが、ロレイン・カック（Loraine Kuck 生没年不詳）による *One Hundreds Kyoto Gardens*（一九三五）と *The Art of Japanese Gardens*（一九四〇）

であろう。[5] カックは、英語による日本庭園論において初めて「Zen Garden（禅の庭）」という語を用いた著者ともいわれているように、[6] 庭園文化の発展において禅をもっとも重要な要素とみなしていた。禅宗寺院の石庭に高い芸術性を見出したカックは、コンドルの著作と参考資料を批判の対象として挙げている。

カックについては不明な点も多いが、昭和六年（一九三一）に初めて来日した際に京都の庭に関心をもち、一度帰国したのち、翌七年（一九三二）から三年間京都に滞在したことがわかっている。昭和一一年（一九三六）には、日本庭園に関する初めての著作である *One Hundreds Kyoto Gardens* を出版する。本書は、昭和一〇年（一九三五）に来日したアメリカン・ガーデン・クラブのための案内記として *The Japan Advertiser*（一八九〇年に創刊された英字新聞、一九四〇年に *The Japan Times* に吸収合併）に連載した記事を、単行本としてまとめて出版したものである。[7] 日本に滞在した後、ハワイに移住してからは造園家として活動し、昭和二三年（一九四八）にリチャード・タン（Richard Tongg、生没年不詳）と共同でハワイ大学マノア校構内のクラウス・ホール（Krauss Hall）に日本庭園を設計した。[8]

カックの初めての日本庭園論である *One Hundreds Kyoto Gardens* は、禅の重要性を説きつつも、アメリカン・ガーデン・クラブのために、実在する京都の庭園案内に主眼がおかれている。コンドルらがほとんど言及することのなかった名園や名匠が中心に扱われているが、ここには、コンドル・パラダイムからのシフトに加えて、実在する庭園を紹介するというニーズが、一九三〇年代の英語圏で高まってきた様子をも示しているといえるだろう。一方、*The Art of Japanese Gardens* では、カックが当時の日本で学び得た知識に基づいて、より明確に禅を中心とした庭園史や解釈が示されている。

以下、*The Art of Japanese Gardens* を要約すると、禅が日本文化に浸透したことによって、日本の庭園は、平安時代に好まれたような明るい空間から、「feeling of yugen（幽玄の雰囲気）」が漂う「subjective（内観的な）」な空間へと変容していった[9]。室町時代の足利義政（一四三六－九〇）による芸術支援と雪舟（一四二〇－一五〇六）による墨画の発展が庭園文化を洗練させ、龍安寺のような傑作が生まれた。その後、安土桃山時代には装飾性や豪華さが好まれ、室町時代と対照的な美意識が流行するが、茶の湯文化だけには室町時代的な趣味が生き残った。茶の湯と座禅は、目指すゴールを共有しており、安土桃山時代の禅宗庭園は、武野紹鷗（一五〇二－五五）や千利休（一五二二－九一）らによる茶の湯と融合したことで、より日本的な表現を洗練させていった。江戸時代に作庭された仙洞御所と桂離宮は、幽玄の雰囲気が漂う「extensive tea garden（大きな茶庭）」[10]のようであるが、一七世紀後半になると庭園を含む多くの伝統文化が因習的になり、「showiness（派手さ／これみよがし）」[11]の時代となってしまった。庭園もまた意味や芸術性、そして独創性を失い、実際の風景を模写するのみで、鑑賞者の想像力を必要としなくなった。

以上のような、室町時代に花開いた禅文化と、その後の茶の湯文化との融合に日本独自の芸術性を見出し、また江戸時代を芸術性の喪失の時ととらえる *The Art of Japanese Gardens* で示された庭園史観は、原田治郎やライトだけでなく、美学者の鼓常良や作庭家の重森三玲、そして造園学者の田村剛らが唱えた日本庭園史と多くの点で一致する（第五章）。さらに本書では、ジョサイア・コンドルの *Landscape Gardening in Japan* について、江戸時代の庭園の因習に内容が偏っており、日本の庭園全般に関する著書とはいえないと評している。

カックは、コンドルが執筆した当時の状況について、日本国内において庭園に対する学術的な関心が高まっておらず、庭園に関する資料も限られていたと一定の理解は示しているものの、すべての庭が真行草のいずれかに分類されたり、迷信めいた規則が厳密に守られていたりするかのような誤解を生じさせたことを批判している。

さらにカックは、コンドルが室町時代の芸術文化と庭園に触れずに、近世の作庭書や庭園を中心に扱ったことを厳しく指摘している。こうしたカックのコンドルに対する評価は、一九三〇年代にコンドルの日本庭園論が江戸時代偏重であったことを非難した日本人の庭園研究者たちに通じるものがある（第一章、第四章）。

カックはさらに、江戸時代は「baroque period（過度に装飾的な時代）」[12]であったが、それとは対照的に、明治時代は昔ながらの自然主義を取り戻し、茶の湯の簡素な芸術性が再び庭園に表現されるようになった時代と位置づけている。七代目小川治兵衛の手がけた庭園について、所有者の個性も反映されたものとして賞賛しており、西川一草亭らが、近代数寄者たちの庭園を高く評価したこととも共通している（第四章）。以上のように、カックの *The Art of Japanese Gardens* には、一九三〇年代の日本における庭園に関する言説の諸相が凝縮されているのである。では、こうした日本庭園観をカックはどのように抱くようになったのだろうか。

One Hundreds Kyoto Gardens では、原田治郎と田村剛、そして重森三玲から助言をうけたことが記されており、文末にはコンドルの *Landscape Gardening in Japan*（一八九三）と原田治郎の *The Gardens of Japan*（一九二八）、そして龍居松之助の *Japanese Gardens*（一九三四）と田村剛の *Art of Landscape Gardening in Japan*（一九三五）、さらに龍居松之助と志賀直哉、そして橋本基の *Gardens of Japan*（一九三五）[13]などの英語による文献が紹介されている。

一方の *The Art of Japanese Gardens* では、前書と同様に原田治郎と田村剛、そして重森三玲から助言を受けたことが示されているのに加えて、*Zen and Japanese Culture*（『禅と日本文化』）（一九三八）[14]などの一連の著作を通じて禅を欧米に広めた仏教学者の鈴木大拙（一八七〇－一九六六）と、京都大学で造園学を講じ、京都府立総合資料館の中庭や京都植物園の庭園などを手がけた関口鍈太郎（一八九六－一九八一）への謝辞も述べられている。*One Hundreds Kyoto Gardens* に比べて *The Art of Japanese Gardens* でより禅への言及が増したことについては、一冊目を執筆した当時にはなかった鈴木大拙との交流による影響が考えられる。しかしながら、禅が庭園に果たした役割についてのカックの理解や解釈は、上述したとおり一九三〇年代の日本国内における言説から既に見出すことができるものであった。茶の湯と禅文化の融合を強調し、禅の知識を応用して庭園の芸術性を論じる点は、むしろ、英語で初めて庭園における禅の影響を特化して論じた原田治郎や、同様の庭園論を日本国内で発信していた重森三玲らとの交流が果たした役割が大きいと考えられる。カックは、実際に重森三玲の京都の自宅を複数回訪れて、重森が著した『日本庭園史図鑑』（一九三六）を読破していたことを重森本人に驚かれるほどであり、[15]日本国内で出版された庭園関連の著作物を参照していたことがわかっている。原田や重森のほかにも、鼓常良や田村剛らが茶の湯と禅の融合を説いていることからも、カックの *The Art of Japanese Gardens* は、鈴木大拙の影響に還元してしまうよりも、むしろ、一九三〇年代的な日本庭園論を反映していたと位置づけるべきであろう。

近年には、カックの解釈が禅偏重であるという批判があるが、[16]それは一方で、コンドルが全くといっていいほど触れることのなかった禅文化の役割を主張する英語の日本庭園論が、一九三〇年代に出現したことを意味している。ライトやカックの著作が示すのは、日本人自身が発信した日本庭園論と共通点を有する日本庭園論が、西洋人によって一九三〇年代に提唱されるようになり、コンドル・パラダイムに変化が生じたことである。明治二六年（一八九三）にコンドルの著作が発表されたことをきっかけに、西洋からの眼差しに対する自覚が芽生え、日本人によるいわば「自画像」としての日本庭園像が世界に向けて発信されていった。そして日本国内で横断的に共有された言説は、再び、西洋の日本庭園論に反映されていったのだった。

3　日本庭園像のゆくえ

　日本と西洋における庭園をめぐる言説がひとつの日本庭園像に収斂されていった一方で、一九三〇年代においては、さまざまな見解もいまだに交錯していた様子もうかがえる。それを象徴的に示すのが、西川一草亭の『瓶史』誌上で繰り広げられた「庭を語る座談会」である。昭和一〇年（一九三五）の新春特別号として組まれたこの座談会では、建築家の堀口捨巳が、京都の龍安寺の石庭を賞賛したのに対して、華道家の西川一草亭は「そんなに偉くないいように思ひます」と一蹴し、詩人で小説家の室生犀星も「反感が起こりましたね、何だか癪にさはつて」と評し、「何だか人をあまり馬鹿にしたやうな気がした」という印象を述べている。(17)一見、西川や室生のような「文化人」による、単なる龍安寺の石庭に対する批判のようにもみえるが、西川一草亭が続けて「見る人の方があまり感心しすぎてゐると思ふのですよ」と発言していることからは、(18)当時、堀口捨巳が示したような庭園観、つまり、室町時代に建立された龍安寺の石庭に高い芸術性を認めるような庭園観が主流となりつつあったことがうかがえる。西川一草亭や室生犀星が唱えたのは、上記のような庭園観が徐々に広まりつつあった状況に対するアンチ・テーゼであったといえる。当の堀口もまた、ドイツ人建築家のブルーノ・タウト（Bruno Taut 一八八〇－一九三八）が銀閣寺の向月台に感心したことに、「如何にも子供つぽい、無邪気なものですね」と冷ややかな反応を示している。(19)これらの発言からは、一九三〇年代の言説空間においては、雑誌などのメディアを通じて、だれがどのように庭園を評価したのかが共有可能になり、さらに、それらに意見することによって、自分自身の視座を明確にすることが可能になったことも伝わってくる。

また、この座談会に出席していた金原省吾（一八八八－一九五八）は、鼓常良と同様に、日本の芸術がもつ特性を美学的な見地から論じた一人であるが、その金原においては、この座談会が開催された時点で、京都へは一度も行ったことがなく、銀閣寺の庭園すらも未見であり、[20]「茶室といふものを拝見したのは今日が生まれて初めて」であったという。[21]これは、金原にとって、茶室も庭園も、直接的な関心の枠外にあったということを意味しているのだろうか。

金原省吾は、昭和七年（一九三二）に著した『東洋美学』で、「世界で真に東洋と言ひ得るのは、日本である。東洋美術の性質を完成し永続せしめつつある国は、世界で、日本一国だからである。東洋美術といふのも、日本美術といふも、この故に同一の意味である」[22]と述べ、中国はかつては東洋的であったが、もはやその性質を失っており、「東洋」とはすなわち「日本」であると主張している。

『東洋美学』では、東洋の美とは「老境」にあり、老境の美を「枯れ草」に見出す「枯れ草論」が展開されている。金原が「枯れ草論」を提唱したちょうどこの頃、それまで「乾山水」や「唐山水」、そして「假山水」、また「コセンスイ」や「フルセンスイ」、そして「カラセンズイ」などと混用されていた表記は、次第に「枯山水（カレサンスイ）」として定着していった。「枯山水」の名称をめぐる研究によると、「枯淡幽玄味」のある「枯山水（カレサンスイ）」という表記が普及するようになったのは、昭和初期であったとされている。[23]「枯れる」という語に、老境の美、すなわち東洋の美を見出す「枯れ草論」が発表された時期と、「枯山水」という語が定着し始めた時期は重なっている。しかしながら、金原が庭園について言及していないことからは、両者は、鼓常良と造園研究者たちのような双方向の関係性ではなかったと考えることが妥当であろう。

金原の例が示すのは、鼓常良のような美学者が重要な役割を果たした一方で、一九三〇年代以降の日本の美学研究において、日本庭園はむしろ美学的関心の周縁に位置づけられたことである。イギリスを始めとする西洋の美学研究において、庭園が景観や風景とともに重要な役割を果たしたのとは対照的に、日本の美学研究において、日本庭園は頻繁に取り上げられるテーマであったとは言い難い。

美学と同様に、日本の美術研究においても、日本庭園はいわば周縁に位置づけられたと言っていい。明治時代には、横井時冬や本多錦吉郎が、庭園を「美術の範疇」とすることを提唱していたが（第四章）、絵画や彫刻などを主な研究対象として発展した日本の美術研究において、日本庭園は主要な研究対象とはなり得なかった。既に繰り返し指摘したとおり、日本国内では、美学や美術という分野よりも、園芸学部や農学部を中心に、また、建築学の一部において庭園の研究は発展していった。その一方で、昭和初期に原田治郎やリチャード・ライト、そしてロレイン・カックらを通じて、美術としての解釈や鑑賞法が英語圏の読者たちに伝えられて以降、西洋諸国においては、現在に至るまで、日本庭園は芸術や美術の文脈で論じられることが多い。つまり、一九三〇年代に、国内外で連動しながらひとつの日本庭園像が形成されて以降、西洋と日本では、それぞれ異なる道筋を「日本庭園」はたどるようになっていったのである。

4　おわりに

すでに指摘したとおり、近世には、京都の禅宗寺院の庭園が「名勝」として紹介されており、また、茶庭も庭の基本様式の一つであると位置づけられていた。つまり、室町時代に作られた禅宗寺院の庭園や、市中の山居を思わせる茶庭を「名園」とみなす庭園観そのものは、近代の産物とはいえない。すでに近世には、「名園」という認定がなされていたのである。しかしながら、日本庭園の国際性をめぐる言説の出現によって、西洋芸術に匹敵し、あるいはそれを超克する芸術性や独自性が、一九三〇年代の日本庭園には付与されていった。室町時代に作庭された庭園を頂点とみなす、芸術性のヒエラルキーに基づく日本庭園像は、現代にも活きており、われわれの日本庭園への眼差しもまた、この系譜に位置づけられるといっていいだろう。一九三〇年代に、ナショナルな世相を反映しつつ形成された日本庭園像ではあるが、一方で、ナショナリズムだけに還元できるものではなかった。日本庭園像の形成プロセスには、日本国内における庭園研究の細分化によって混在するさまざまな視座もまた、反映されていたのだった。

また、日本庭園像の形成プロセスにおいて、コンドルや原田治郎、そして重森三玲といった造園学に属さない人々が重要な役割を果たしことも明らかになった。造園学者たちだけでなく、造園学の周縁にいる人々の日本庭園論が西洋と日本を往還することによって、異なる言説空間が結合したり、新たな言説空間が切り開かれていったといえる。日本庭園像とは、西洋と日本を往還する言説に応じて変奏をみせるのであり、その形成プロセスは、一国史観的なアプローチでは、見過ごされてしまいがちである。日本庭園を理解するための座標軸はどのように構築されたのか、という問題を明らかにするためには、庭園の様式論や変遷史とは異なる交流史的なアプローチが必要であるといえるだろう。

註

（1）Richardson Write, *The Story of Gardening: From the Hanging Gardens of Babylon to the Hanging of New York*, London, Routledge, 1934, p. 147.

（2）Richardson Write, *The Story of Gardening* 1934, pp. 147-148.

（3）Mrs. Basil Taylor, *Japanese Gardens with Twenty-eight Pictures in Color by Walter Tyndale*, London, Methuen, 1912.

（4）Okakura Kakuzo（岡倉覚三）, Notes on Contemporary Japanese Art, *The Sutdio*, Vol.50, 1902, pp. 98-123.

（5）Loraine E. Kuck, *One Hundred Kyoto Gardens*, London and Kobe, Kegan Paul, 1935., *The Art of Japanese Gardens*, New York, The John Day Company, 1940.

（6）Wybe Kuitert, *Themes, Scenes & Taste in the History of Japanese Garden Art*, Japonica Neerlandia, Monographs of the Netherlands Association for Japanese Studies, Vol 3, Amsterdam, J. C. Gieben, 1988, p. 151.

（7）Acknowledgement, Loraine E. Kuck, *One Hundred Kyoto Gardens*, London and Kobe, Kegan Paul, 1935.

（8）*Campus Heritage Report*, University of Hawaii at Manoa, Vol. 3, p. 32.

（9）Loraine E. Kuck, The Art of Japanese Gardens, p. 89.

（10）Loraine E. Kuck, The Art of Japanese Gardens, p. 218.

（11）Loraine E. Kuck, The Art of Japanese Gardens, p. 230.

（12）Loraine E. Kuck, The Art of Japanese Gardens, p. 206.

（13）龍居松之助、志賀直哉、橋本基 *Gardens of Japan : a pictorial record of the famous palaces, gardens and tea-gardens*, Tokyo, The Zauho Press, 1935.

（14）Daisetz Teitaro Suzuki, *Zen and Japanese Culture*, Princeton, N. J., Princeton University Press, 1938.

（15）重森三玲「林泉日録抄（一）」『林泉』第六一号、一九四〇年、二一－二八頁。

（16）Wybe Kuitert, *Themes, Scenes & Taste in the History of Japanese Garden Art*, 1988, pp. 150-155.

（17）「庭を語る座談会」（参加者—室生犀星、金原省吾、谷川徹三、堀口捨巳、板垣鷹穂、西川一草亭、吉川元光）、『瓶史新春特別号』、一九三五年一月、一－一七頁、引用箇所は六頁。

（18）同右。

（19）同右、引用箇所は七頁。

（20）同右。
（21）同右、引用箇所は九頁。
（22）金原省吾『東洋美学』古今書院、一九三二年、二四五－二四七頁。
（23）引用箇所は、木村三郎「枯山水論の行方」（『造園雑誌』第四九巻第五号、一九八六年、六七－七二頁）の七一頁。そのほか、昭和初期に「枯山水」という名称に統一されていくようになった経緯を論じたものに、岡崎文彬『造園事典』（養賢堂、一九七四年）や武居二郎・尼崎博正監修『庭園史をあるく――日本・ヨーロッパ編』（昭和堂、一九九八年）などがある。

あとがき

「日本庭園」というテーマを選んだ経緯について、幼い頃過ごした父方の祖父の家の庭に触れておきたい。東京の上野の山にある祖父の家には、一階に池を配した回遊式、二階に石庭、そして三階に茶室の庭と三つの異なる種類の庭があった。二階の石庭がプライベートな空間だったのに対して、一階の庭は、桜の季節に松竹歌劇団の団員さんたちなど客人を招いて花見を催したり、また三階の茶庭は正月に初釜を開いたりするなど、パブリックな場として機能していた。祖父の家の三つの庭の写真は、『*Quick & Easy Japanese Gardens*』（主婦の友社）という外国人向けの小写真集（英文説明文付き）に収められており、これは一九七一年に初版されて以降、二〇〇〇年までに二七版が重版されている。表紙には、「日本庭園」という漢字による記載もある。私たち家族にとっては、様式も用途も異なる庭が「Japanese Gardens／日本庭園」と一つにまとめられて外国人向けに提示されていることは博士論文を作成中に知り、そして三つの庭を作庭したのが本書の第四章で取り上げた斉藤勝雄氏だったことは、博士論文を完成した後に知った。庭について論じようと決めたのは、ロンドン大学 University College London（UCL）大学院で学んでいた頃であったが、特に意識したつもりもなく選んだはずの研究テーマが、幼い頃の原風景と関わっていることに巡り合わせのようなものを感じている。

本書は、二〇〇四年に総合研究大学院大学に提出した博士学位論文『日本庭園像の形成と解釈の葛藤』を大幅に加筆修正したものである。内容の一部は修正を加え、以下のとおり、すでに論文の形で発表したものも含まれている。

「欧米における日本庭園像の形成と原田治郎の *The Gardens of Japan*」国際日本文化研究センター編『日本研究』第三四集、二〇〇七年。

「日本の庭と欧米人の眼差し―明治期における記述の比較分析」桃山学院大学総合研究所『国際文化論集』第四一号、二〇〇九年。

「往還する日本庭園の文化史―ジョサイア・コンドルの日本庭園論の考察を中心に」桃山学院大学総合研究所『桃山学院大学総合研究所紀要』第三五巻第二号、二〇一〇年。

総合研究大学院大学文化科学研究科国際日本研究専攻は、文部科学省大学共同利用機関である国際日本文化研究センター（日文研）内にある。日文研で大学院生活を送るなかで、指導教官である稲賀繁美先生を中心に、多くの先生方から、貴重なご指導を賜った。博士論文の審査には、日文研から稲賀先生をはじめとして井上章一先生と山田奨治先生、そして外部審査員として横山正先生と北澤憲昭先生があたってくださった。審査の際にいただいた貴重なコメントは、その後の研究への取り組みの糧となっている。

日文研では、指導教官や審査員とは別に、さまざまな分野の先生方からご指導をうける機会に恵まれた。小松和彦先生と鈴木貞美先生がそれぞれに開かれていた院生のための勉強会は、貴重な学びの場であった。両先生からは、論文を次のステップに進めるための有益なアドバイスの数々をいただくことができた。また、石井紫郎先生は、日文研で開催される国際研究集会をサポートする役割を与えてくださり、その経験は大切な財産となっている。高校三年生のときにミュンスター（ドイツ）にあるギムナジウムに留学して以来、アメリカとイギリスで高等教育を受けた私にとって、京都での院生生活は当初とまどいの連続であったが、そんな中、石井先生は、私の八年に及ぶ海外生活を今後どのように活かすことができるのかについて多くの示唆を与えてくださった。そして、恵まれた研究環境にいるにも関わらず、回り道ばかりして形にならない論文に悩んだときに、叱咤激励をしてくださった笠谷和比古先生、厳しくも常に優しく励まし続けてくださった山折哲雄先生の両先生に、深く感謝を申し上げたい。

日文研で過ごした八年間は、先輩と後輩、そして友人達とともに学びあい、助け合う日々であった。なかでも、小川順子さん、松村薫子さん、唐権さん、森本一彦さん、伊藤奈保子さん、戦暁梅さん、そして稲賀真理さんは、つらい時期にいろいろな面から支えてくれた。仲間たちの励ましがあったからこそ、前へ進むことができたと思う。また日文研では、図書館のスタッフをはじめ、職員の方々に大変お世話になった。全員のお名前を挙げることはできないが、ここに改めて感謝の意をお伝えしたい。

イギリスの大学と大学院で社会人類学を学んだわたしが、総研大に進み、日文研で日本庭園論に取り組むようになるまでには、多くの方々とのご縁があった。

研究の道を志すきっかけとなったのは、ロンドン大学 University College London（UCL）で社会人類学者のブルース・カップラー（Bruce Kapferer）先生に出会ったことである。ブルースの授業は、毎週多くの課題がだされ、たくさんの事前の準備をして臨まなければならなかったが、それは聞く者を圧倒するほどパワフルで刺激に満ちあふれたものであった。この授業で初めて学ぶことの楽しさを知ったのである。UCLでは、社会人類学的アプローチから空間論や風景論を学んでいたことから、修士論文のテーマを日本の庭に決めた。このテーマを極めるならば、日本の大学院を受験したいと考えていたところ、指導にあたってくださったスザンヌ・クッヒュラー（Susanne Kuechler）先生から、京都大学人文学研究所の田中雅一先生をご紹介いただいた。スザンヌと田中先生がロンドン大学 London School of Economics（LSE）で学友であったことから実ったご縁であった。田中先生は社会人類学から離れつつあった私の研究テーマを汲み取ってくださり、日本の庭に学際的なアプローチで取り組みたいのならば、と勧めてくださったのが日文研（総研大）であった。こうして、私の大学院生活が京都で始まったのである。

二〇〇七年四月からは、桃山学院大学で日本文化研究を担当している。博士論文を完成させるまでの長い道のりで学んだことの多くが、いま、教育の場で活かされている。今でも、ゼミ生たちの卒業論文を指導する季節になると、日文研で先生方に指導していただいたことを思い出す。桃山学院大学でもよい仲間に恵まれ、一人一人の名前を挙げることはできないが、教育と研究に取り組める環境が整っていることに感謝したい。なかでも、今回の出版にあたって、貴重なコメントをくださった国際教養学部の小池誠先生に御礼を申し上げたい。

造園学や建築学の出身でない私には、日本庭園をテーマにした博士論文を出版することに対して、長い間ためらいがあった。しかし、日本美術と庭園研究の専門家であるカリフォルニア州立大学のケンダル・ブラウン（Kendall Brown）先生との対話によって、研究成果を公にして、批判を含めて広くご意見を仰ぐことが必要であると決断するに至った。背中を押してくれたケンさんに、改めて感謝の意を記したい。

本書の第三章「欧米における日本庭園像の形成と原田治郎の *The Gardens of Japan*」では、原田治郎氏のご子息である原田俊夫先生（早稲田大学名誉教授・白鷗大学名誉学長）と恵美子夫人に、貴重な資料のご提供をいただき、惜しみないご協力をいただいた。一九三〇年代以降の英語で著された日本庭園論を読んでいると、必ずといっていいほど「Harada Jiro」という名前が挙げられている。しかし、日本国内で原田治郎氏に関連する論文を見つけることはできなかった。限られた伝手を頼りに、やっとの思いで原田俊夫先生と恵美子夫人にお会いすることができたが、お二人は、見ず知らずの大学院生であった私を快く受け入れてくださった。お会いしてみると、原田家が、私の祖父の家とおなじ上野の山にあり、歩いてすぐのご近所であったこと、俊夫先生が私の通った台東区立根岸小学校の大先輩であったことなどがわかり、本当に不思議なご縁を感じた。それ以来、京都から東京に帰省する際には、研究の報告も兼ねてご挨拶に伺うようになり、原田治郎氏が眠る谷中の墓地にも連れていっていただいた。私が博士号を取得した際も、一緒に喜んでくださった。本書の出版が、俊夫先生のご存命中に間に合わなかったことが大変悔やまれる。博士号を取得したお祝いに、今後、研究者として論文の校正などに便利だからと、三色ボールペンをくださった。そのときに頂戴したボールペンで本書の校正をしたことを、原田治郎氏と俊夫先生の墓前にご報告したい。

なお、本書は、二〇一三年度桃山学院大学学術出版助成をうけて出版が可能となった。また、これまでの研究において、メトロポリタン東洋美術財団、二〇〇六－二〇〇八年度科学研究費補助金（若手研究B「英米における日本庭園像の変遷―一九世紀末～二〇世紀前半の雑誌と画像の分析を中心に」課題番号18720093）からも助成をうけた。

また、今回の出版にあたって大変お世話になった思文閣出版の原宏一さんに、心より御礼を申し上げたい。

最後に、これまでの研究を支えてくれた家族に感謝したい。夫である真鍋昌賢は、研究者として有益なコメントをくれただけでなく、家事も育児も積極的に担ってくれた。また、真鍋家と片平家の両親の協力があったからこそ、仕事と育児の両立が可能であった。そして、幼い娘には、仕事を優先させるばかりに、たくさんの我慢を強いてきてしまった。娘の存在が、仕事をする上での原動力となっていることに、ありがとうと伝えたい。

お世話になった方々に本書を捧げ、これからも研究に真摯に向き合っていくことを約束したい。

片平　幸

図 14　原田の金閣寺庭園
…（Harada Jiro, *The Gardens of Japan*, edited by Geoffrey Holme, London, The Studio, 1928）……101
図 15　木曾街道六十九次之内　伏見…………（歌川広重『木曾街道六十九次』）……101
図 16　コンドルの岡山後楽園
…（Josiah Conder, *Landscape Gardening in Japan, Supplement to Landscape Gardening in Japan with collotypes by K. Ogawa*, Tokyo, Kelly and Walsh, 1893）……102
図 17　原田の岡山後楽園
…（Harada Jiro, *The Gardens of Japan*, edited by Geoffrey Holme, London, The Studio, 1928）……102

第４章

図 18
（戸野琢磨「米国に於けるジャパニーズ・ガーデン」『庭園』第 7 巻第 11 号、1925 年）……136
図 19
（戸野琢磨「米国に於けるジャパニーズ・ガーデン」『庭園』第 7 巻第 11 号、1925 年）……136
図 20　フランク・ウォー（左）、井下清（中央）、上原敬二（右）
…（『この目で見た造園発達史』、「この目で見た造園発達史」刊行会、1983 年）……139
図 21　アメリカン・ガーデン・クラブの来日を知らせる報道
図 21-1………………（『東京朝日新聞』朝刊 13 面、昭和 10 年（1935）5 月 8 日）……143
図 21-2……………………（『東京朝日新聞』夕刊、昭和 10 年（1935）5 月 14 日）……143
図 21-3………………（『東京朝日新聞』朝刊 11 面、昭和 10 年（1935）5 月 4 日）……144
図 21-4………………（『東京朝日新聞』朝刊 11 面、昭和 10 年（1935）5 月 15 日）……144
図 21-5………………（『東京朝日新聞』夕刊 2 面、昭和 10 年（1935）5 月 15 日）……144
図 21-6………………（『東京朝日新聞』朝刊 11 面、昭和 10 年（1935）5 月 19 日）……144

■挿図出典一覧■

第１章

第３章

◎著者略歴◎

片平《かたひら》 幸《みゆき》(本名 真鍋《まなべ》 幸《みゆき》)

1971年生まれ.
1997年ロンドン大学University College London修士課程修了(M.A. in Anthropology of Art), 2004年総合研究大学院大学文化科学研究科国際日本研究専攻後期博士課程修了, 学術博士.
国際日本文化研究センター機関研究員を経て, 現在, 桃山学院大学国際教養学部准教授.
研究テーマは, 一九世紀末から二〇世紀初頭の日本と西洋の文化の交流史, 日本文化研究.

〈主な論文〉
「庭園をめぐる「わび」「さび」「幽玄」——一九三〇年代における「幽玄」を中心に」(岩井茂樹・鈴木貞美編『わび・さび・幽玄——「日本的なるもの」への道程』, 水声社, 2006年, 449 - 482頁).

日本庭園像《にほんていえんぞう》の形成《けいせい》

2014(平成26)年3月31日発行

定価:本体4,000円(税別)

著　者　片平　幸
発行者　田中　大
発行所　株式会社　思文閣出版
〒605-0089　京都市東山区元町355
電話 075-751-1781(代表)

組　版　本郷書房
印　刷
製　本　株式会社 図書印刷 同朋舎

ISBN978-4-7842-1718-2 C3070